Königssee

Nationalpark Berchtesgaden
Watzmann

Walter Theil

GPX-Daten zum Download

www.kompass.de/gpx

Kostenloser Download der GPX-Daten der im Wanderführer enthaltenen Wandertouren.
Mehr Informationen auf Seite 3.

AUTOR

Walter Theil • lebt seit vielen Jahren im Chiemgauer Voralpenland und kennt die südostbayerische Landschaft sowie die angrenzenden österreichischen Gebiete von unzähligen Wander- und Radtouren.

Der aktive Bergsteiger und Radfahrer ist seit mehreren Jahrzehnten im touristischen Verlagsbereich tätig und Autor diverser Wander- und Fahrradführer, darunter die Wanderführer Berchtesgadener Land, Kaisergebirge, Chiemgau, Bayerischer Wald sowie die Fahrradführer Innradweg und Bodensee-Königssee-Radweg.

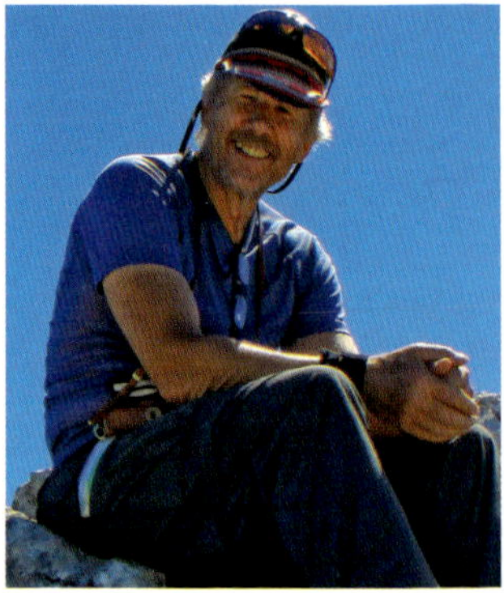

VORWORT

Der tiefste See Bayerns, eingebettet in eine traumhaft schöne Bergwelt, lockt Jahr für Jahr über eine halbe Million Besucher an und ist eine der beliebtesten Naturattraktionen Deutschlands.

Durch eine wohldurchdachte und naturverträgliche Kombination von Naturschutz und Tourismus hat sich die Landschaft rund um den Königssee eine Ursprünglichkeit erhalten, die angesichts der Besucherzahlen nur staunen lässt.

Bereits seit 1910 – mit der Schaffung des Pflanzenschonbezirks Berchtesgadener Alpen, der den südlichen Teil des Königssees und den Obersee umfasste – wird Naturschutz groß geschrieben und so ist es nicht verwunderlich, dass der Königssee heute, als Teil des Nationalparks Berchtesgaden, ein Vorzeigeobjekt für den nachhaltigen Umgang mit unberührter Natur ist. Kaum ein anderes Gebiet ist so gut wissenschaftlich untersucht, so hervorragend erschlossen und so umfassend mit Informationen über die Zusammenhänge von Mensch und Natur ausgestattet.

Genießen Sie diese grandiose Landschaft und helfen Sie mit, ihre Ursprünglichkeit und ihren Zauber zu erhalten.

Viele schöne und erlebnisreiche Tage rund um den Königssee.

Walter Theil

Für Navigationsgeräte und Apps haben wir auf unserer Webseite alle Touren im GPX-Format zum Download bereitgestellt:

www.kompass.de/gpx

Hier findet man alle weiteren Informationen. Einfach das richtige Produkt auf der Seite auswählen, die Daten herunterladen und auf das Zielgerät oder in die gewünschte App importieren.

Mehrwert mit Spaßfaktor: Ob vorab zur Planung, als Sicherheit für unterwegs oder zum Erinnern und Archivieren der gegangenen Tour. Die digitale Wanderroute ist in vielerlei Hinsicht wertvoll. Ein Blick auf die Daten hilft Neues zu entdecken und liefert Inspirationen für die nächsten Touren. Alle Wandertouren aus diesem Führer stehen im GPX-Format kompakt und genau zur Verfügung.

Was ist ein GPX-Track? GPX ist ein Datenformat für Geodaten. Das Wort GPS steht für Global Positioning System (Globales Positionsbestimmungssystem). Mit einem GPX-Track bekommt man die rote Linie, also den Wanderpfad, als geografische Koordinaten.

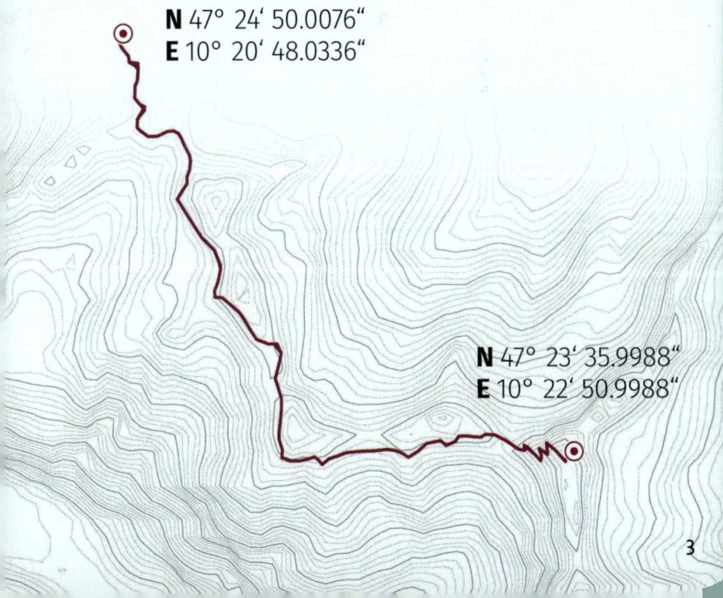

INHALT UND TOURENÜBERSICHT

AUFTAKT

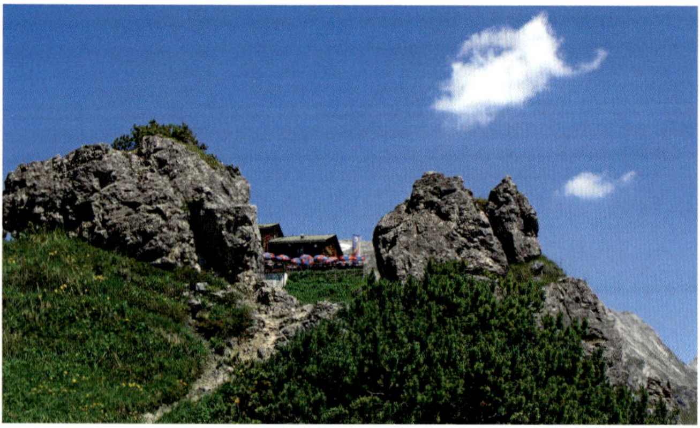

Anstieg von der Königsbergalm: Die Jenner-Bergstation ist in Sicht.

ANHANG

km	h	hm	hm									Karte
10,5	3:30	116	116	✓	✓		✓			✓	✓	794
3	1:00	38	38	✓	✓		✓				✓	794
5,25	2:00	190	190	✓	✓		✓				✓	794
5	2:00	651	76	✓	✓	✓	✓	✓			✓	794
5,25	2:00	72	689	✓	✓	✓	✓	✓				794
8,75	4:15	1282	90	✓	✓		✓	✓				794
10	4:30	774	774	✓		✓	✓	✓				794
7	2:15	225	225	✓	✓	✓	✓	✓			✓	794
3,75	1:30	188	188	✓	✓	✓	✓				✓	794
18,25	6:45	621	1813	✓	✓	✓	✓	✓			✓	794

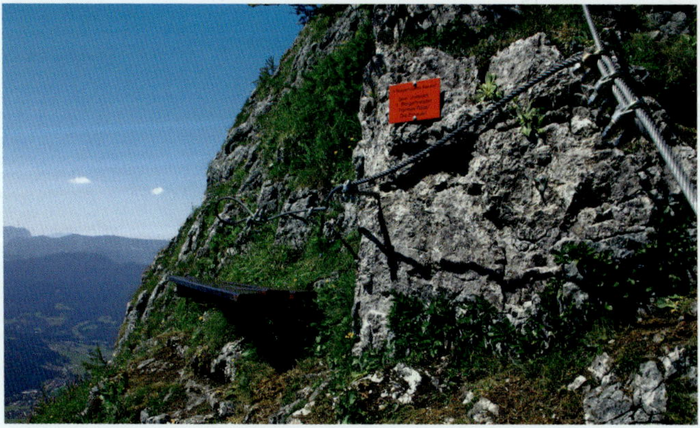

Luftiger Aussichtsplatz am Schützensteig: „s‘Biagoamoasta Bankei“.

INHALT UND TOURENÜBERSICHT

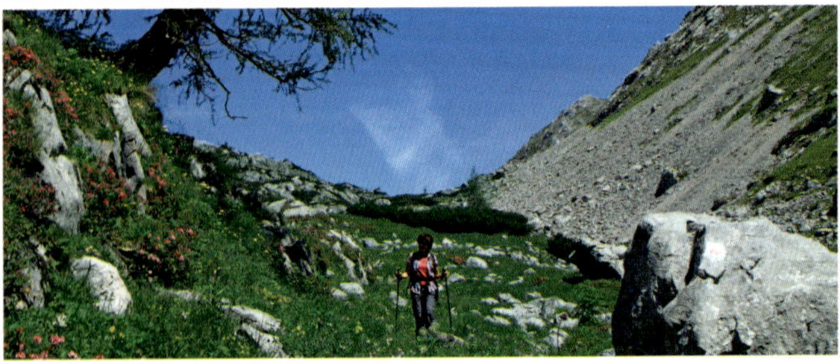

Kurz vor dem Seeleinsee wird es wieder üppig grün.

km	h	hm	hm									Karte
8,25	3:45	708	708	✓	✓		✓	✓				794
10,5	4:30	652	652	✓	✓		✓					794
8	3:45	606	606	✓			✓	✓				794
13	4:30	866	872	✓	✓		✓			✓	✓	794
9	3:30	756	175	✓	✓		✓				✓	794
8,75	4:00	1188	107								✓	794
16,25	6:30	1001	1001	✓	✓		✓					794
13	4:45	767	767								✓	794
14	5:30	905	905					✓			✓	794
8,25	4:00	580	849								✓	794
10,5	4:00	200	1281				✓				✓	794
7,5	2:15	396	396									794
8,5	4:45	790	790									794
11	4:45	832	826	✓	✓		✓				✓	794
9,75	4:00	1081	54								✓	794
14,5	6:00	891	891									794
3,5	2:15	508	0								✓	794

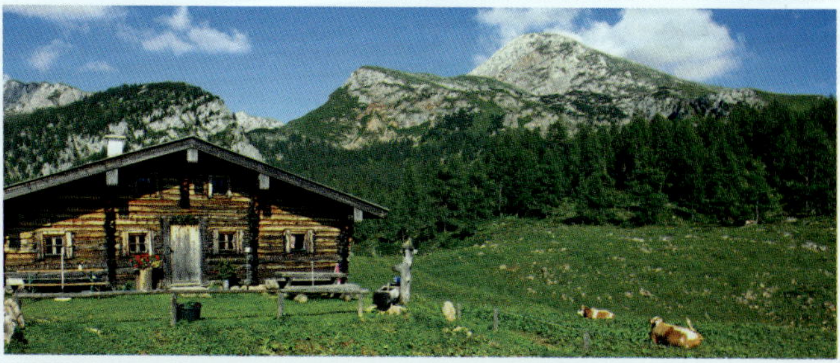

Auf der Hochfläche der Gotzenalm.

INHALT UND TOURENÜBERSICHT

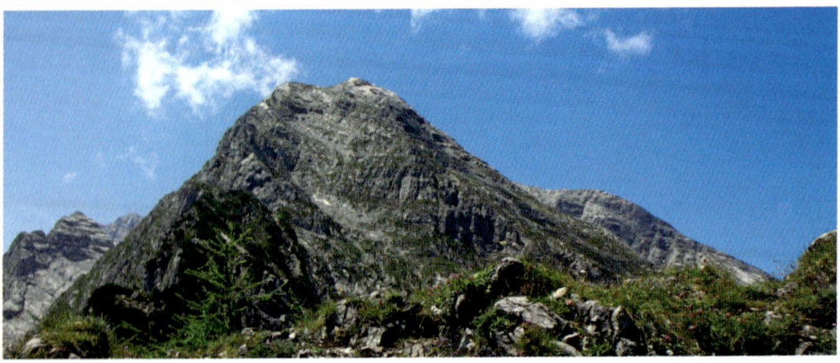

Blick vom Mooslahnerkopf hinüber zum Kleinen Watzmanngipfel.

km	h	hm	hm									Karte
3,5	2:30	455	455					✓			✓	794
13,75	5:30	1086	1086				✓				✓	794
5,5	2:00	168	168				✓					794
13,5	6:30	1012	1012				✓				✓	794
14,5	6:45	1163	1163				✓				✓	794
10,5	6:45	986	986				✓					794
11	6:45	1115	1115				✓	✓				794
15	7:45	1309	1309				✓				✓	794
11	4:30	1250	175	✓	✓		✓				✓	794
9,5	3:30	340	609								✓	794
7,75	2:45	556	341								✓	794
14,75	5:30	880	1091				✓				✓	794
6,75	2:00	56	866	✓	✓						✓	794
1,5	1:45	232	232	✓	✓	✓		✓				794
7,25	5:00	708	708	✓	✓		✓	✓				794

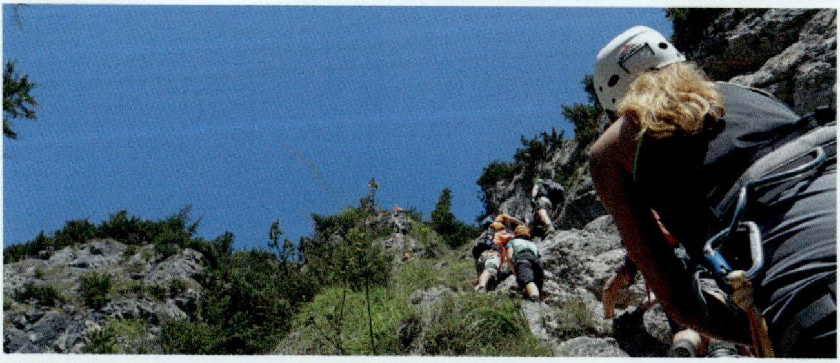

Großer Andrang am beliebten Grünstein-Klettersteig.

GEBIETSÜBERSICHTSKARTE

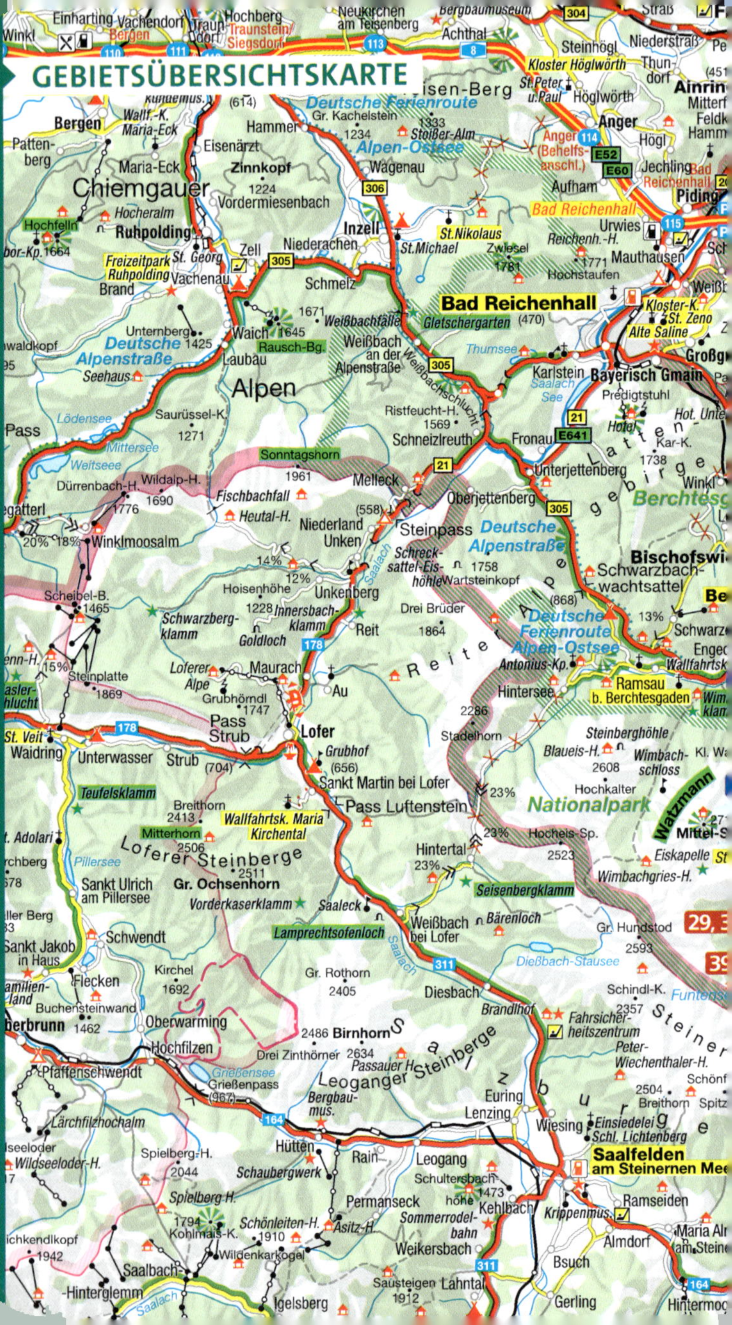

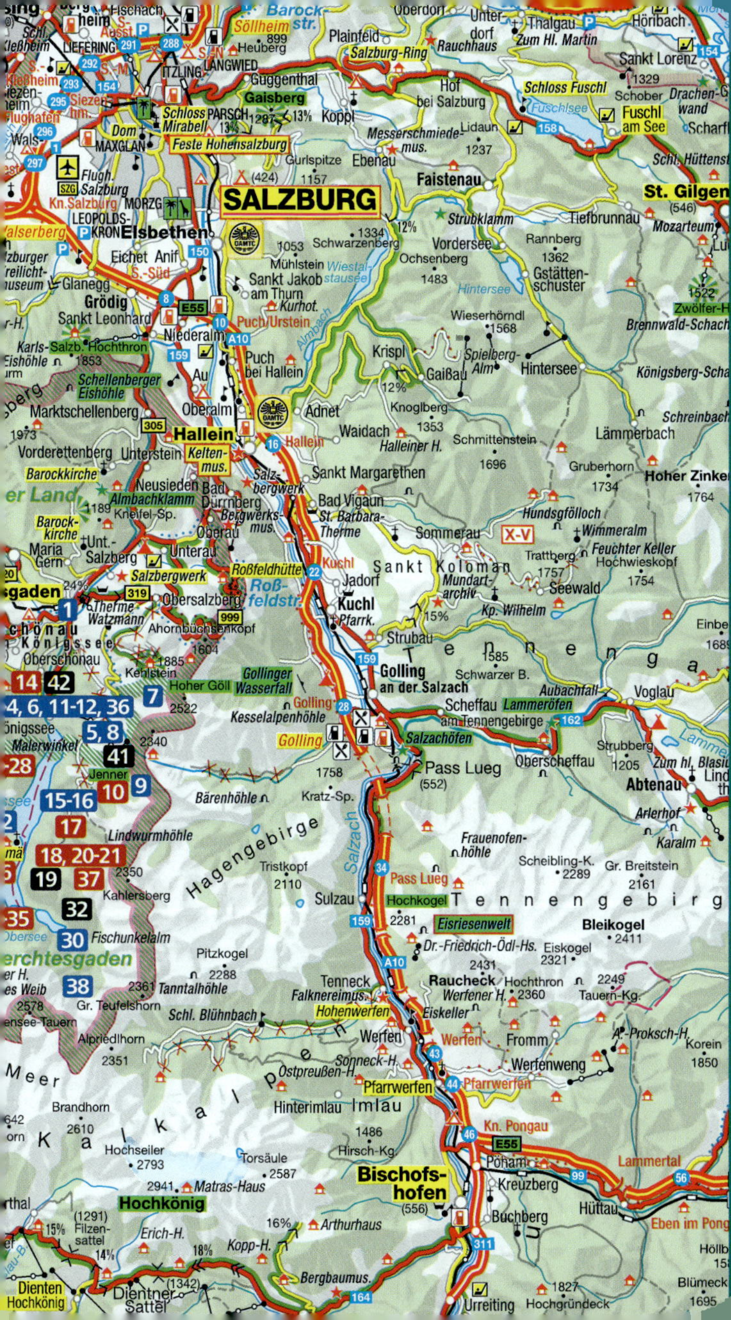

SALZBURG
Barockstr.
Söllheim
Heuberg
Plainfeld
Salzburg-Ring
Rauchhaus
Unterdorf
Thalgau
Zum Hl. Martin
Höribach
Sankt Lorenz
Schloss Fuschl
Fuschlsee
Fuschl am See
Schober
Drachenwand
Scharfl
Liefering
Itzling
Langwied
Guggenthal
Gaisberg
Koppl
Hof bei Salzburg
Parsch
Schloss Mirabell
Dom
Maxglan
Feste Hohensalzburg
Flughafen
Flugh. Salzburg
Kn. Salzburg
Morzg
Leopoldskron
Elsbethen
Messerschmiedemus.
Lidaun
Ebenau
Gurlspitze
Faistenau
Strubklamm
Tiefbrunnau
St. Gilgen
Mozarteum
Walserberg
Eichet
Anif
S.-Süd
Glanegg
Grödig
Sankt Leonhard
Schwarzenberg
Mühlstein
Wiestalstausee
Sankt Jakob am Thurn
Kurhot.
Vordersee
Ochsenberg
Hintersee
Rannberg
Gstättenschuster
Zwölfer-H.
Brennwald-Schach
Puch/Urstein
Almbach
Niederalm
Puch bei Hallein
Salzb. Hochthron
Karls-Eishöhle
Schellenberger Eishöhle
Marktschellenberg
Au
Oberalm
Adnet
Krispl
Gaißau
Spielberg-Alm
Wieserhörndl
Hintersee
Königsberg-Scha
Schreinbach
Lämmerbach
Hallein
Keltenmus.
Waidach
Knoglberg
Halleiner H.
Schmittenstein
Gruberhorn
Hoher Zinken
Vorderettenberg
Unterstein
Barockkirche
Neusieden
Bad Dürrnberg
Salzbergwerk
Sankt Margarethen
Almbachklamm
Kneifel-Sp.
Bergwerksmus.
Bad Vigaun
St. Barbara-Therme
Hundsgfölloch
Wimmeralm
Feuchter Keller
Hochwieskopf
Oberau
Unterau
Maria Gern
Unt.-Salzberg
Salzbergwerk
Roßfeldhütte
Roßfeldstr.
Kuchl
Jadorf
Sommerau
Sankt Koloman
Mundartarchiv
Trattberg
Seewald
Kp. Wilhelm
Obersalzberg
Therme Watzmann
Ahornbüchsenkopf
Pfarrk.
Strubau
Tennengau
Einberg
Schönau
Königssee
Oberschönau
Kehlstein
Hoher Göll
Gollinger Wasserfall
Golling an der Salzach
Schwarzer B.
Aubachfall
Voglau
Scheffau am Tennengebirge
Lammeröfen
Malerwinkel
Kesselalpenhöhle
Salzachöfen
Pass Lueg
Oberscheffau
Strubberg
Zum hl. Blasius
Abtenau
Arlerhof
Karalm
Jenner
Bärenhöhle
Kratz-Sp.
Frauenofenhöhle
Scheibling-K.
Gr. Breitstein
Lindwurmhöhle
Hagengebirge
Tristkopf
Salzach
Sulzau
Pass Lueg
Hochkogel
Tennengebirge
Eisriesenwelt
Bleikogel
Kahlersberg
Dr.-Friedrich-Ödl-Hs.
Eiskogel
Fischunkelalm
Berchtesgaden
Pitzkogel
Raucheck
Hochthron
Werfener H.
Tauern-Kg.
Tanntalhöhle
Gr. Teufelshorn
Tenneck
Falknereimus.
Hohenwerfen
Eiskeller
Schl. Blühnbach
Werfen
Fromm
A.-Proksch-H.
Korein
Alpriedlhorn
Sonneck-H.
Ostpreußen-H.
Werfenweng
Pfarrwerfen
Meer
Brandhorn
Hinterimlau
Imlau
Kalkalpen
Kn. Pongau
Hochseiler
Hirsch-Kg.
Torsäule
Pöham
Lammertal
Matras-Haus
Bischofshofen
Kreuzberg
Hüttau
Hochkönig
Eben im Pongau
Buchberg
Filzensattel
Erich-H.
Arthurhaus
Kopp-H.
Dienten am Hochkönig
Dientner Sattel
Bergbaumus.
Urreiting
Hochgründeck
Blümeck

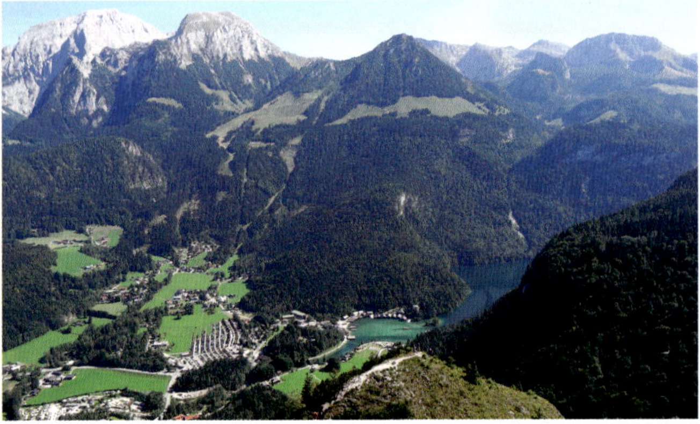

Königssee, mit (v.l.) Hoher Göll, Hohes Brett, Jenner und Kahlersberg.

Durch die verheerenden Unwetterschäden 2021 im Bereich des Grünsteins ist der DAV-Weg 443 und der Klingerweg vorläufig gesperrt. Das betrifft die Touren 11, 12, 14, 24, 40 und 42. Der Weg vom Parkplatz Hammerstiel über die Grünsteinhütte zum Grünstein ist möglich. Das Gebiet rund um den Königssee ist ein fantastisches und abwechslungsreiches Wandergebiet, das keinen Wunsch offen lässt. Mit dem Schiff lassen sich mehrere Ausgangspunkte anfahren, und bewirtschaftete Almhütten rund um den See eröffnen ein zusammenhängendes Netz von Wandermöglichkeiten und Gipfelzielen. „Dieses großartigste aller Gebirgstäler in den Nördlichen Kalkalpen" – wie der erste Führerautor Max Zeller bereits im Jahre 1911 schrieb – erstreckt sich entlang der

Nationalpark Berchtesgaden

Um den Handel mit Alpenpflanzen einzudämmen, entstand 1910 der „Pflanzenschonbezirk Berchtesgadener Alpen". 1921 erfolgte die Erweiterung zum „Naturschutzgebiet Königssee". Als Reaktion auf die Idee, den Watzmann mit einer Seilbahn zu erschließen, kam 1953 die Forderung nach einem Nationalpark. Im Europäischen Naturschutzjahr 1970 wurde diese Idee wieder aufgegriffen und 1972 wurde der Bayerische Landtag beauftragt, einen Bayerischen Alpenpark im Naturschutzgebiet Königssee zu planen. 1978 war es dann soweit: Die „Verordnung über den Alpen- und den Nationalpark Berchtesgaden" trat in Kraft. Seit 1991 bilden der Nationalpark und sein Vorfeld ein von der UNESCO anerkanntes Biosphärenreservat.

Königssee

Der fjordartig eingebettete See, der am östlichen Fuß des Watzmannstockes liegt, ist 8 km lang, bis zu 1250 m breit und liegt 602 m über NN. Mit einer maximalen Wassertiefe von 190 m bleibt das Wasser auch im Hochsommer relativ kalt, da der See hauptsächlich durch den vom südöstlich gelegenen Obersee und durch unterirdische Zuflüsse gespeist wird. Die Wasseroberfläche beträgt 5,2 km². Der See wird von der Bayerischen Seenschifffahrt mit Elektrobooten befahren. Da außerdem im Einzugsbereich des Sees keine intensive Landwirtschaft (mit Ausnahme von etwas Almwirtschaft) betrieben werden darf und seit den 1980er-Jahren eine Ringkanalisation die Abwässer vom See fernhält, besitzt der Königssee Trinkwasserqualität. Ein Großteil des Sees gehört zum Nationalpark Berchtesgaden.

Königsseer Ache in südlicher Richtung und ist eingebettet zwischen mächtigen und hochaufragenden Gebirgsmassiven. Der Königssee trennt den Watzmannstock im Westen von dem östlich gelegenen Göllmassiv und den Gotzenbergen. Im Süden schließt das mächtige Steinerne Meer das Tal ab.

Diese über 2500 m hohe alpine Umrahmung besitzt jedoch eine vorgelagerte Hochalmregion, die für jedermann zugänglich ist und zu herrlichen Bergwanderungen einlädt. Der einfachste und mittels einer Gondel am leichtesten erreichbare Aussichtspunkt ist natürlich der Jennergipfel. Aber daneben ist der Bereich der Gotzenalm ein sehr beliebtes und viel besuchtes Wanderziel. Dieser hervorragend erschlossene und traumhaft gelegene Aussichtspunkt in knapp 1700 Meter kann von mehreren Seiten aus erreicht werden. Wer sich die gut 1000 Meter Höhenunterschied im Aufstieg nicht zumuten will, der kann mit der Jennerbahn bis zur Mittel-

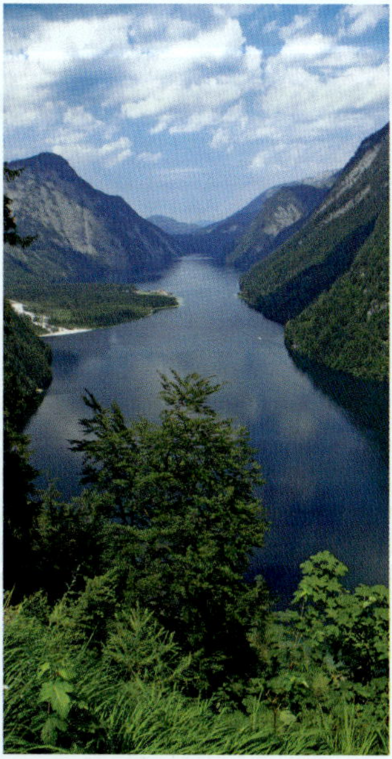

Einen grandiosen Überblick von Süden über den Königssee bietet das unscheinbare Halsköpfl.

station hochfahren und sich so rund die Hälfte des Anstiegs ersparen.

Ein Netz von bewirtschafteten Almhütten ermöglicht Wanderungen verschiedener Länge und Jennerseilbahn sowie der regelmäßige Schiffsverkehr auf dem Königssee erleichtern Zu- und Abstieg und bieten vielfältige Tourenkombinationen an. Auf der Westseite ist der Grünstein ein nahes Ausflugsziel und führt dem Wanderer – wie die wenig höher gelegene Kührointalm – die beeindruckende Kulisse des Watzmanns vor Augen. Von der mit dem Schiff erreichbaren Anlegestelle St. Bartholomä ist über das kleine Eistal sogar ein Ausflug unmittelbar an den Fuß dieser mächtigsten Felswand Deutschlands möglich.

Von St. Bartholomä und vom südlichen Seeende können eine Reihe von Touren ins Steinerne Meer unternommen werden, die mitten ins Herz des Nationalparks Berchtesgaden führen und wunderschöne Ausblicke auf den tief eingeschnittenen Königssee eröffnen. Auch hier bieten bewirtschaftete Hütten die Möglichkeit einzukehren und im Bedarfsfalle zu übernachten, so dass sich die jeweiligen Unternehmungen ganz individuell gestalten lassen.

Die Wanderwege sind gut ausgeschildert, bei schwierigeren Passagen auch mit Aufstiegshilfen und Sicherungen versehen.

Für Klettersteigfreunde gibt es am Königssee inzwischen ebenfalls zwei lohnenswerte Ziele: Am Grünstein fordert der „Isidor"-Klettersteig (die leichteste mehrerer Varianten) den bereits erfahrenen und klettersteiggeübten Bergfreund, am Kleinen Jenner dagegen gibt es seit 2015 auch für den Anfänger mit dem „Schützensteig" eine hervorragend angelegte Einsteigerroute, die auch für Familien und Kinder bestens geeignet ist.

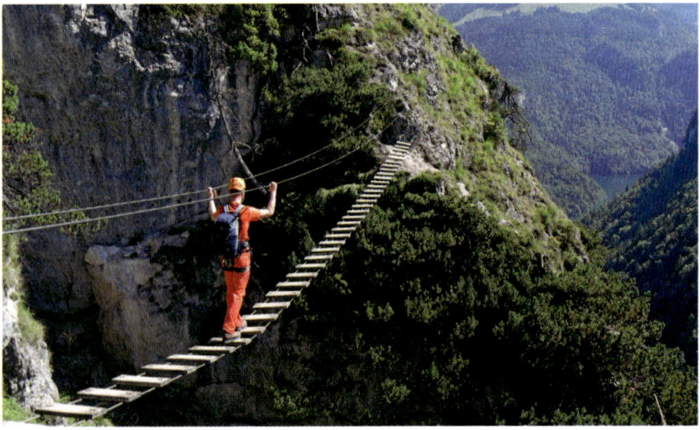

Klettersteig am Grünstein: Abenteuer hoch über dem Königssee.

SCHWIERIGKEITSGRADE

■ **LEICHT**
In der Regel gut angelegte und gut markierte (Berg-)Wege ohne echte Gefahrenstellen, die jedermann begehen kann. Das schließt aber kurze, kräftige Steigungen nicht aus. Auch für alpine Anfänger geeignet.

■ **MITTEL**
Wege und Steige in felsigem, hochalpinem Gelände, die teils mit Leitern und Drahtseilen versehen sind. Ein Mindestmaß an alpiner Erfahrung, Trittsicherheit und vor allem festes Schuhwerk sollten nicht fehlen.

■ **SCHWER**
Anspruchsvolle, z. T. auch recht lange Bergtouren mit teils ausgesetzten und auch gefährlichen Stellen. Kondition, Schwindelfreiheit sowie Trittsicherheit sind ebenso notwendig wie die richtige Ausrüstung.

HINWEIS

Gehzeiten und Schwierigkeitsbewertungen können nur Richtwerte sein. Objektive Faktoren wie das Wetter und individuelle Voraussetzungen gilt es zu berücksichtigen!

BERGBAHNEN / SCHIFFFAHRT

Viele Touren im Gebiet können oder müssen sogar mit der Jennerbahn oder der Königssee-Schifffahrt kombiniert werden. Infos dazu finden Sie auf der Seite 158.

EINKEHRMÖGLICHKEITEN

Das Einkehrsymbol bezieht sich auf Einkehrmöglichkeiten unterwegs. Da sich die Öffnungszeiten saisonal und regional sehr unterscheiden, sollten Sie sich vorab über Übernachtungs- und Einkehrmöglichkeiten informieren. Infos ab S. 154.

MEINE LIEBLINGSTOUR

Die zwar ordentlich lange, aber ungemein abwechslungsreiche Wandertour über den Schneibstein und die Windscharte zum idyllisch gelegenen Seeleinsee und zurück über die traumhaften Priesbergalmen ist ein echter Wander-Hochgenuss. Der großteils mit der vor allem als Skitour bekannten „Kleinen Reibn“ gleichlaufende Weg lässt kaum etwas aus: Auffahrt mit der Bergbahn, mehrere Hütten zur Einkehr, Gipfelanstieg zum leichtesten Zweitausender der Berchtesgadener Alpen, aussichtsreiche Höhenwege in Fels und Almgelände und als Tagesziel ein wunderschöner Bergsee.

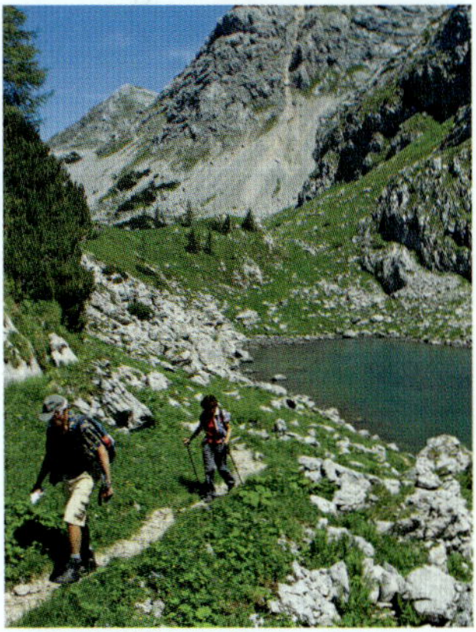

Am traumhaft schönen Seeleinsee.

MEINE HIGHLIGHTS

1
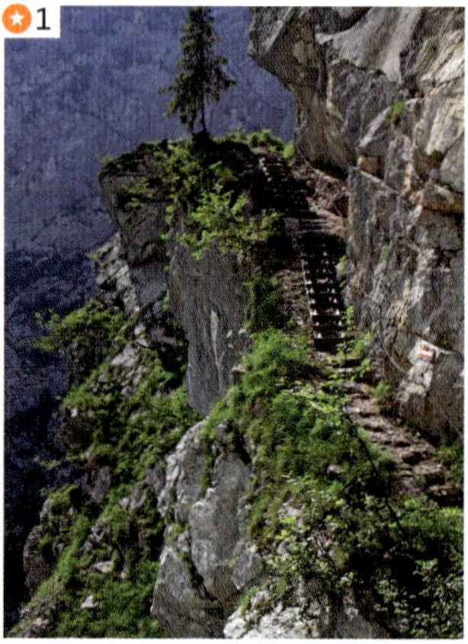

2
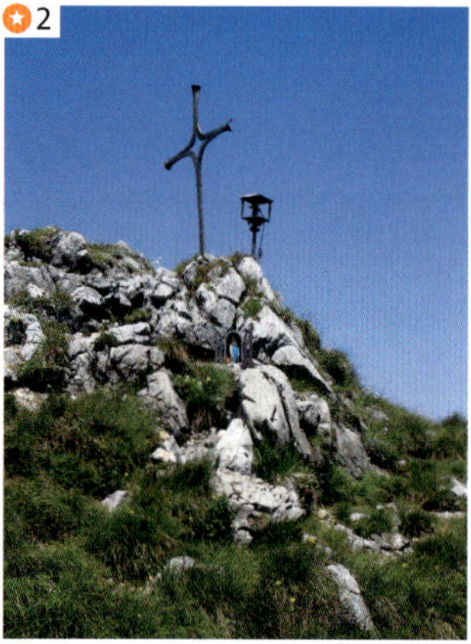

3
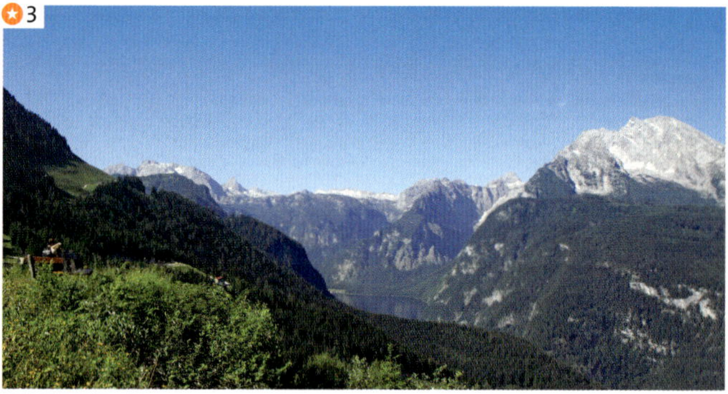

1: Der Weg zur Sigeretplatte ist wild, spannend und pflanzenreich. → Tour 26, Seite 98

2: Der Mooslahnerkopf, ein leicht erreichbares Gipfelziel mit Watzmannblick. → Tour 28, Seite 103

3: Der Brandkopf ist eine unschwierige und gondelfreie Alternative zum oft überlaufenen Jenner und bietet eine ebenso tolle Aussicht. → Tour 4, Seite 26

4: Die Gotzenalm, eine der schönstgelegenen Almen im ganzen Königsseegebiet. → Tour 29, Seite 106

5: Der ruhige, idyllische Obersee ist mit der bewirtschafteten Fischunkelalm ein ideales Ziel für Familien. → Tour 21, Seite 81

4

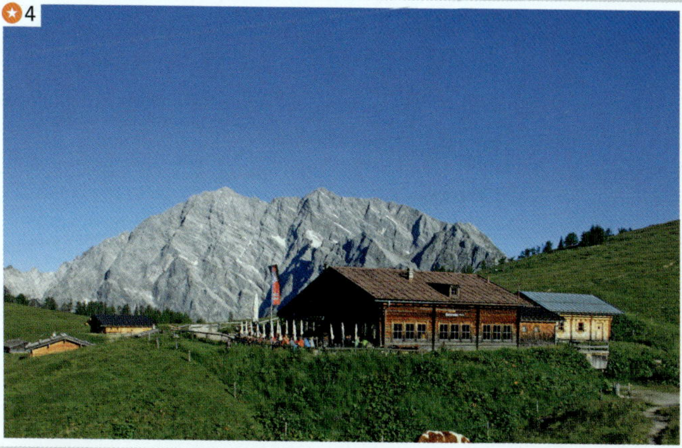

5

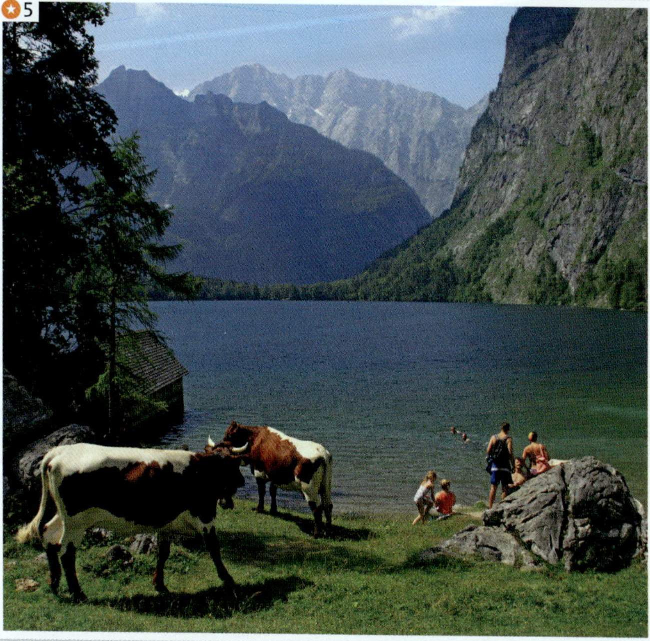

BERCHTESGADEN – KÖNIGSSEE

Spaziergang entlang der Königsseer Ache

10,5 km | 3:30 h | 116 hm | 116 hm | 794

START | Berchtesgaden, 540 m; Parkplatz am Bahnhof [GPS: UTM Zone 33 x: 349.690 m y: 5.276.670 m]
CHARAKTER | Spaziergang auf überwiegend Naturboden, meist schattig und am Bachlauf der Königsseer Ache entlang.

Selbstverständlich kann man den Ausflug in beide Richtungen unternehmen und die jeweilige Rückkehr mit dem Bus bequem gestalten. Auch unterwegs sind Bushaltestellen leicht zu erreichen, da der Wanderweg immer wieder nahe der Straßen verläuft.

▶ Wir starten in **Berchtesgaden** 01 am Parkplatz beim Bahnhof, überqueren am Kreisverkehr die Ramsauer Ache und halten uns gleich links in den Achenweg, den wir aber bald links verlassen, über einen Steg die Königsseer Ache überqueren und in den Fußweg nach Königssee einbiegen. Auf einem sandigen Weg wandern wir am Bachlauf entlang, bis wir nach gut 1 km bei der **Gaststätte Waldstein** 02 an eine Verzweigung stoßen (Untersteiner Straße). Wir ignorieren die Brücke, die rechts über die Königsseer Ache führt, und gehen auf einem gekiesten Rad-/Fußweg geradeaus weiter, am Haus Waldstein rechts vorbei. Der schön zu gehende, breite Weg verläuft unmittelbar neben dem Bach und meist in angenehmem Schatten.

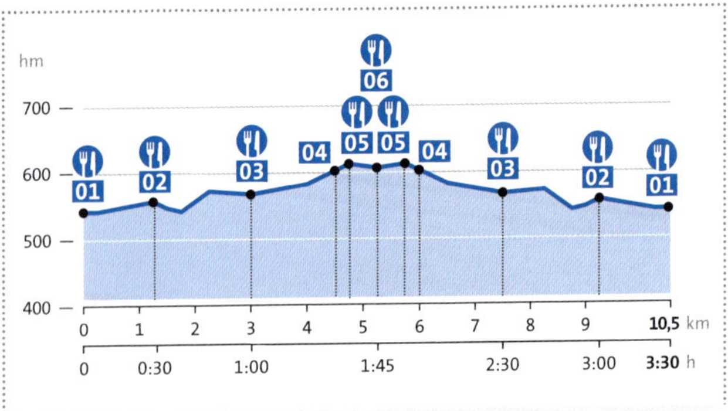

01 Berchtesgaden, 540 m; 02 Ghs. Waldstein, 555 m; 03 Biergarten, 565 m; 04 Tunnel, 600 m; 05 Parkplatz Königssee, 610 m; 06 Königssee Hafen, 604 m

Romy Schneider

Die Dauerausstellung „Romy Schneider – Ein Weltstar kehrt heim“ zeigt interessante Exponate aus den Privatsammlungen über Romy und Magda Schneider und befindet sich seit Mai 2015 im „Alten Bahnhof“ in der Seestraße 17 in Schönau am Königssee, direkt am Weg zur Anlegestelle. (Siehe auch S. 148.)

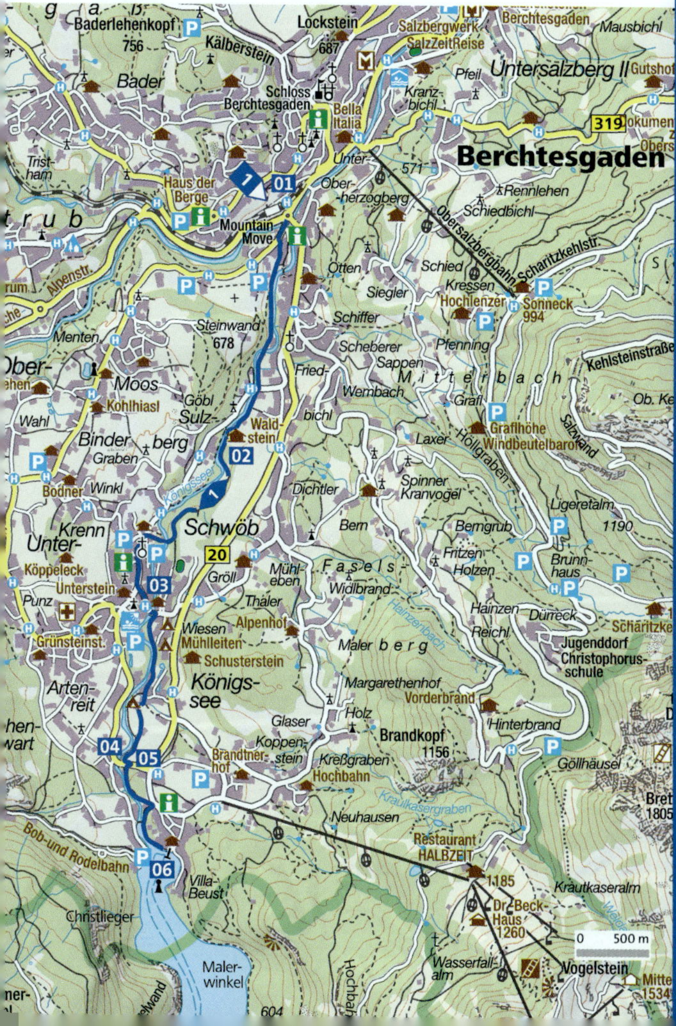

1

Nach etwa 3 km treffen wir wieder auf Asphalt und eine Verzweigung. Ein Schild „Königssee 2 km" leitet uns nach rechts, bis zur Straße vor, am **Biergarten** 03 wieder nach rechts und dann nach 20 m – vor der Brücke – links. Jetzt laufen wir wieder auf Naturboden, nur zwischendurch, bei ein paar Häusern, ist wieder kurzzeitig asphaltiert. Direkt nach den Häusern geht es wieder rechts ab (Schild: Königssee 1,1 km). Links ist die Jennerbahn mit 1 km ausgeschildert. Nach gut 4,5 km geht man durch einen kleinen **Tunnel** 04, direkt am Bach entlang, steigt ein kurzes Stück etwas steiler an und erreicht den riesigen **Parkplatz am Königssee** 05.

Wenn man nicht direkt durch den Touristenverkehr zum Hafen marschieren will, verlässt man nach wenigen Metern den Parkplatz wieder nach rechts, geht am Bach entlang und folgt dem anfangs leicht abfallenden Kiesweg, bis man zur überdachten Holzbrücke gelangt. Nun eben am Uferweg entlang zum **Hafen der Königsseeschiffe** 06. Der Rückweg verläuft wie der Hinweg.

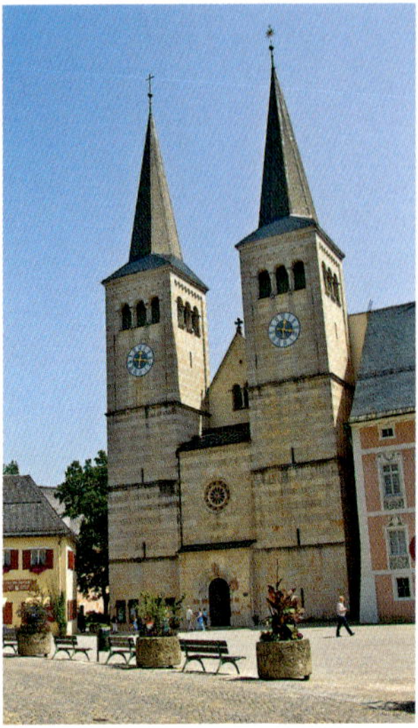

Westfassade der Stiftskirche St. Peter und Johannes der Täufer im Zentrum von Berchtesgaden.

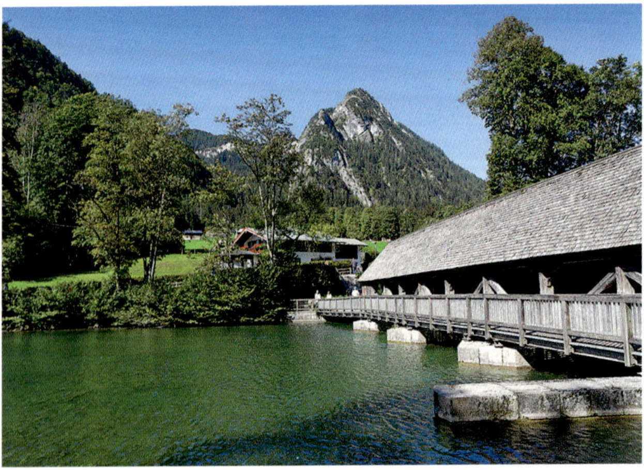

Holzbrücke über die Königsseer Ache, im Hintergrund der Grünstein.

MALERWINKEL

Ausflug zu einem berühmten Aussichtspunkt

3 km | 1:00 h | 38 hm | 38 hm | 794

START | Königssee, großer gebührenpflichtiger Parkplatz, 610 m [GPS: UTM Zone 33 x: 348.690 m y: 5.272.900 m]
CHARAKTER | Bequemer Spaziergang auf breitem Weg ohne nennenswerten Höhenunterschied, der schmale Pfad entlang des Ufers kann bis zum „Stopp-Schild“ problemlos begangen werden.

Wer sich nicht aufs Wasser traut und auch keinen allzu beschwerlichen Fußaufstieg machen möchte, hat dennoch eine gute Gelegenheit, einen eindrucksvollen Blick auf den Königssee zu werfen. Und er darf sich sicher sein, dass er diesen Standort mit vielen berühmten Vorfahren teilt, denn seinen Namen hat der Malerwinkel nicht von ungefähr bekommen, und bei Rundgängen in Bilderausstellungen zum Thema Landschaftsmalerei wird man diesen Blickwinkel immer wieder erkennen.

▶ Wir starten vom **Parkplatz Königssee** 01 aus zur Schiffsanlegestelle am Königsseer **Hafen** 02, halten uns links und gehen hinter den Bootshäuschen vorbei. Der Asphalt endet und wir folgen linkshaltend dem Schild, das uns zum viel begangenen und gut markierten, kiesigen Rundweg führt. Zuerst leicht ansteigend zur **Villa Beust** 03 (mit der Einkehrmöglichkeit Café Malerwinkel), die in wenigen Metern rechts vom Weg entfernt wunderschöne Aussicht zum Königsseer Hafengelände bietet, dann nochmals etwas hoch

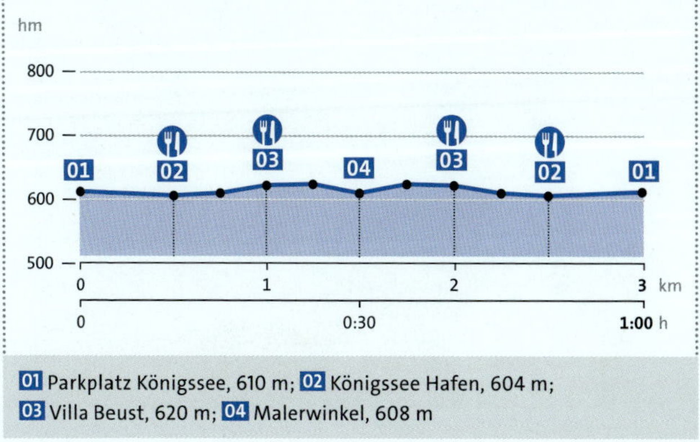

01 Parkplatz Königssee, 610 m; 02 Königssee Hafen, 604 m; 03 Villa Beust, 620 m; 04 Malerwinkel, 608 m

Der „Malerwinkel“

Das Berchtesgadener Land war immer auch ein Anziehungspunkt für malende und schreibende Künstler und man kann vielerorts, namentlich in Berchtesgaden, Bad Reichenhall und in der Ramsau, auf den Spuren prominenter Künstler wandeln und einiges über deren Leben erfahren.

und nach einer Kuppe fast eben dahin. Wir gelangen zu einer Verzweigung, und vor einem Holzgeländer weist uns das Schild nach rechts hinab zum nur 2 Minuten entfernten Aussichtspunkt **Malerwinkel** 04. Sitzbänke laden hier zum Verweilen und Schauen ein.

Der Blick über den Königssee reicht bis zur rund 4 km entfernt gelegenen Wallfahrtskirche St. Bartholomä und weit hinten am Horizont kann man bei schöner Sicht das Steinerne Meer und den charakteristischen Gipfel der Schönfeldspitze erkennen. Man kann den leicht abwärts führenden Kiesweg noch ein Stück weiter geradeaus gehen, vorbei an mehreren, allerdings recht steilen Abstiegsmöglichkeiten zum Wasser, bis man ganz unten am Ufer anlangt; links stehen hier Aussichtsbänke, und es bieten sich nochmals wunderschöne Aussichten über den See. Der Weg führt dann als Pfad noch rund 50 m weiter am Ufer entlang, bis zu einem Schild „Stopp-Lebensgefahr“, das darauf aufmerksam macht, dass der weitere Pfad nicht als öffentlicher Wanderweg zugelassen ist.

Wir verlassen diesen idyllischen Ort, der das klassische Bild des Königssees geprägt hat, und kehren auf dem Anstiegsweg zum **Ausgangspunkt** 01 zurück.

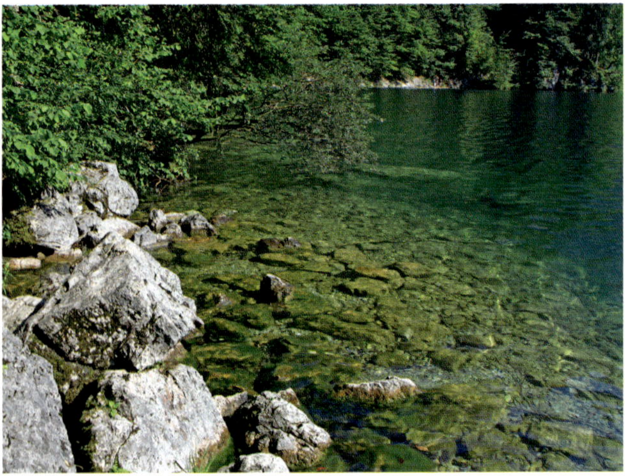

Im Uferbereich des Malerwinkels.

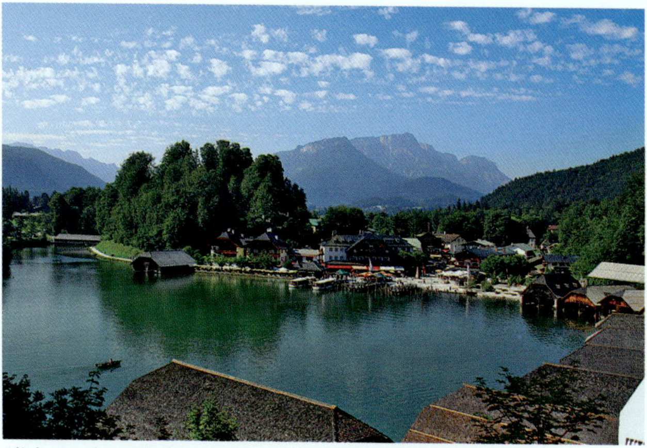

Blick von der Villa Beust zur Schiffsanlegestelle Königssee.

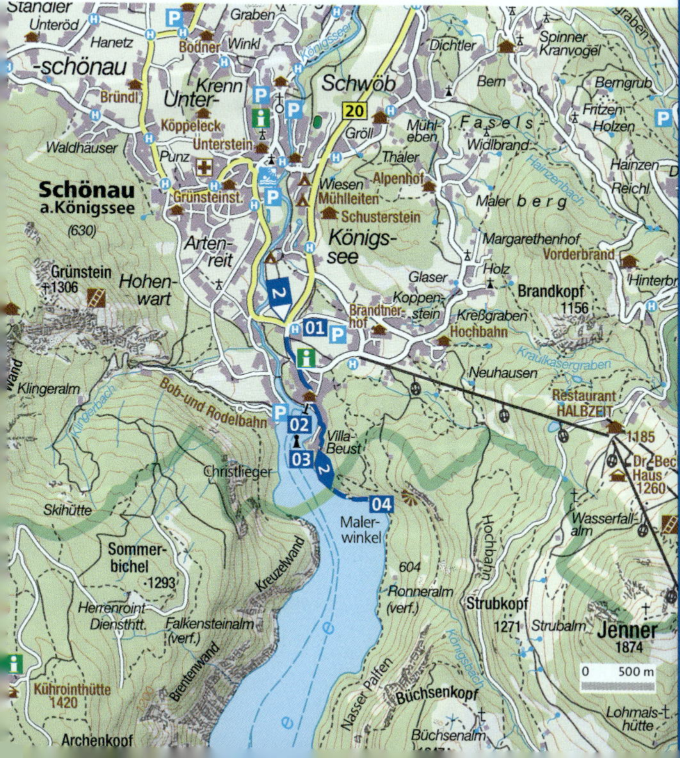

RABENWAND • 780 m

Felsige Aussichtskanzel auf dem Malerwinkel-Rundweg

5,25 km 2:00 h 190 hm 190 hm 794

START | Königssee, großer gebührenpflichtiger Parkplatz, 610 m [GPS: UTM Zone 33 x: 348.690 m y: 5.272.900 m]
CHARAKTER | Einfache Rundwanderung mit moderater Steigung auf meist breitem Weg, der Pfad zur Rabenwand ist teils wurzelig und stellenweise felsig, aber gut zu gehen, die Aussichtskanzel ist mit einem Geländer gesichert.

Der Malerwinkel-Rundweg bietet neben dem bekannten Malerwinkel am Seeufer einen weiteren, fantastischen Aussichtspunkt. Der wesentlich höher gelegene Aussichtsbalkon an der Rabenwand lässt den Blick noch weiter über den Königssee schweifen.

Wir starten vom **Parkplatz Königssee** 01 aus zur Schiffsanlegestelle beim Königsseer **Hafen** 02, halten uns links und gehen hinter den Bootshäuschen vorbei. Der Asphalt endet und wir folgen linkshaltend dem Schild, das uns zum viel begangenen und gut markierten kiesigen Rundweg führt. Zuerst leicht ansteigend zur **Villa Beust** 03 (mit dem Café Malerwinkel als Einkehrmöglichkeit), dann über eine Kuppe und fast eben weiter, bis bei einem Holzgeländer ein Schild nach rechts hinab zum nur 2 Minuten entfernten **Malerwinkel** 04 weist. Sitzbänke laden hier zum Verweilen und Schauen ein.

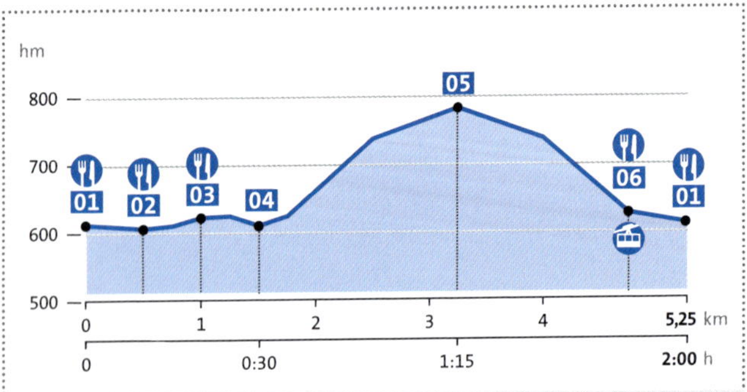

01 Parkplatz Königssee, 610 m; 02 Königssee Hafen, 604 m; 03 Villa Beust, 620 m; 04 Malerwinkel, 608 m; 05 Rabenwand, 780 m; 06 Jenner Talstation, 625 m

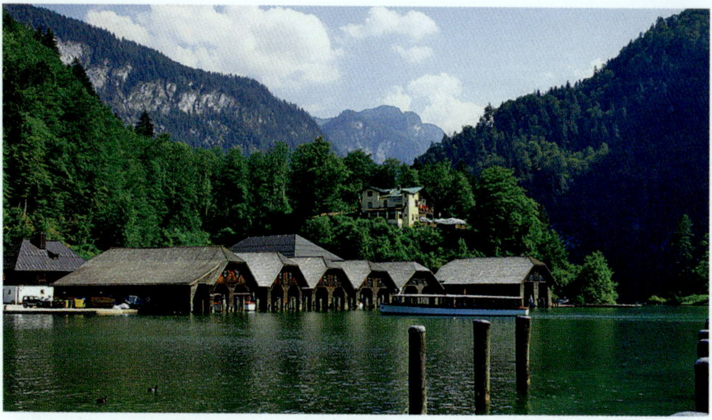

Blick über die Bootshäuser zur Villa Beust.

Zurück und nach rechts weiter auf dem Rundweg erreichen wir leicht ansteigend bei der nächsten Linkskurve erneut einen sehr schönen und aussichtsreichen Rastplatz. Wenn wir zum höchsten Punkt des Rundwegs gelangen, weist uns ein Schild „Rabenwand 1500 m" nach rechts und ein wurzeliger, teils felsiger Pfad führt uns fast eben zum geländergesicherten Aussichtspunkt **Rabenwand** 05. Von vielen wird diese Aussichtswarte (mit Sitzbänken und Stempelstelle) als eine der schönsten am Königssee bezeichnet; eine der am schnellsten und einfachsten zugänglichen ist sie auf jeden Fall.

Wieder zurück zum Rundweg und bequem weiter – nun stets abwärts – in Richtung Dorf Königssee. Vorbei an der **Jenner Talstation** 06 beenden wir unseren gemütlichen Spaziergang wieder am **Parkplatz Königssee** 01 und unserem Ausgangspunkt.

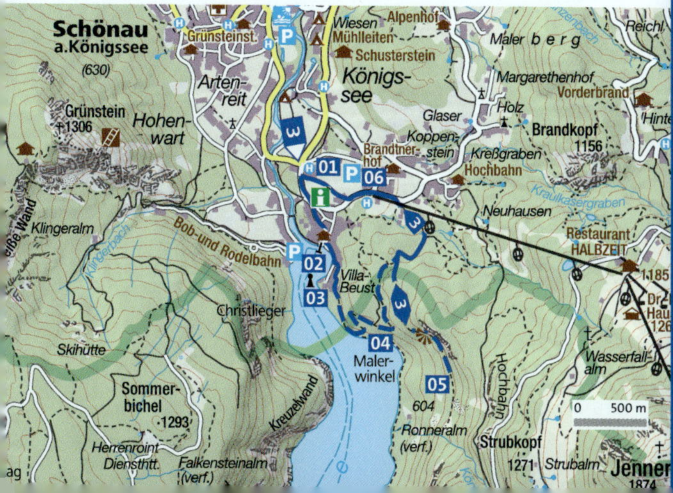

4

BRANDKOPF • 1156 m

Über den Stufenweg auf einen einsamen Aussichtsbalkon

5 km | 2:00 h | 651 hm | 76 hm | 794

START | Königssee, großer gebührenpflichtiger Parkplatz, 610 m [GPS: UTM Zone 33 x: 348.690 m y: 5.272.900 m]
CHARAKTER | Anfangs Gehweg und kaum befahrene Asphaltsträßchen, meist Waldwege und -pfade, der Stufenweg und der Schlussanstieg zum Brandkopf verlaufen kehrenreich und teils über steilere Holzstufen und -treppen.

Der im Schatten des oft überlaufenen Jenners gelegene Brandkopf ist ein meist einsamer und stiller, aber gleichwohl herrlicher Aussichtspunkt über den Königssee und seine ihn überragenden Berge.

Vom **Parkplatz Königssee** 01 wandern wir an der **Talstation** 02 der Jennerbahn vorbei, halten uns links und folgen der Jennerbahnstraße bis zur Abzweigung rechts hoch in Richtung Hinterbrand. Auf dem Gehweg marschieren wir auf der Richard-Fürst-Straße in Kehren bergan, bis in einer Kurve die Markierung „Beim Brandkopfweg" nach rechts weist. Hier ist Hinterbrand über Stufenweg und der Aussichtspunkt Brandkopf ausgeschildert.

Zunächst auf schmalem, asphaltiertem Sträßchen etwas steiler hoch. Bei den letzten Häusern

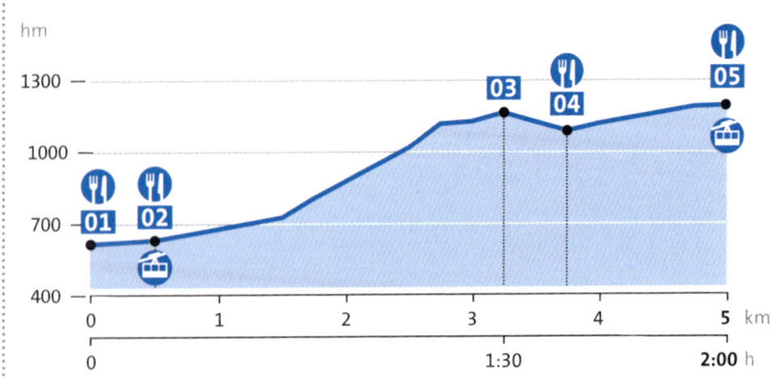

01 Parkplatz Königssee, 610 m; 02 Jenner Talstation, 625 m;
03 Brandkopf, 1156 m; 04 Vorderbrand, 1080 m; 05 Jenner Mittelstation, 1185 m

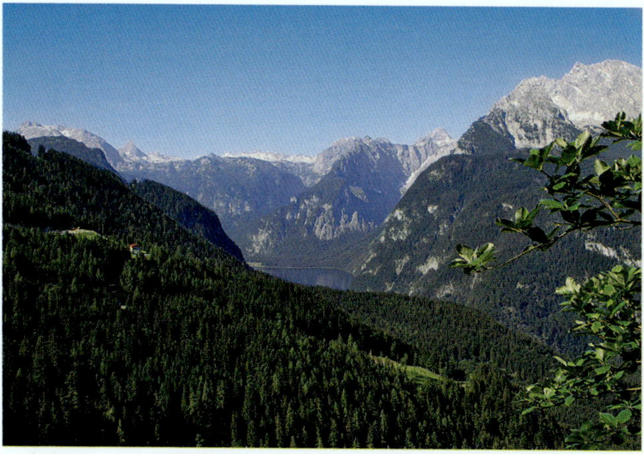

Aufstieg zum Brandkopf, mit Blick zur Jennerbahn-Mittelstation, zum Königssee, Watzmann und ins Steinerne Meer.

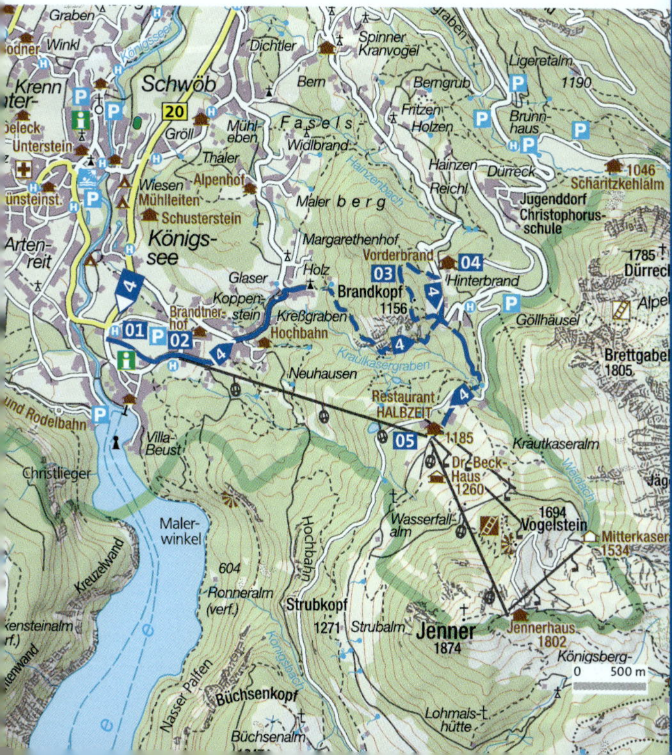

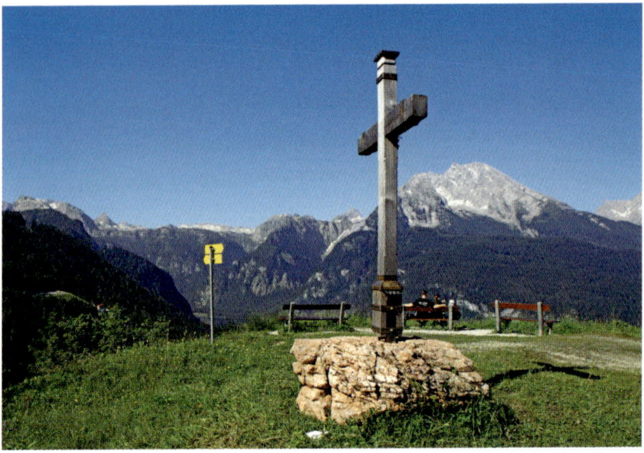

Weitblick genießen – auf dem breiten Gipfelplateau des Brandkopfs.

hört der Asphalt auf und wir gehen weiter ansteigend geradeaus in den Wald hoch. Der breite Kiesweg verengt sich dann zu einem schmäleren Waldpfad, wir überqueren eine Lichtung und leicht ansteigend traversieren wir rechtshaltend am Hang entlang. Unter uns rauscht der Bach. Nach einer Hangrutsch-Stelle geht es über Treppen und Stufen steiler hoch, wir stoßen nahe zum Bach und steigen in Kehren weiter durch den Wald berghoch. Zweimal überqueren wir einen Holzsteg, passieren das Marterl für einen erschossenen Wilderer und erreichen schließlich das Waldende. Oberhalb des Kiesweges, auf den wir bei einer Markierungstafel treffen, verläuft die Autostraße. Wir halten uns links, geradeaus ist die Alpengastwirtschaft Vorderbrand (5 Min., und der Brandkopf-Aussichtspunkt mit 25 Min. über die Asphaltstraße) ausgeschildert, scharf links die Abzweigung zum Brandkopf („schmal und steil"). Wir schwenken links ab, über Wiesen und am Wandrand entlang folgen wir einem schmalen und kehrenreichen Pfad, der teils wieder über Treppen steil in den Wald hinein ansteigt. Bald ist das breite Gipfelplateau des **Brandkopfs** 03 mit Gipfelkreuz und Aussichtsbänken erreicht.

Der Abstieg führt über die blaue Variante auf einem breiten Kiesweg bergab. An Kreuzwegstationen vorbei, taucht bald links unten eine kleine Kapelle und der **Berggasthof Vorderbrand** 04 auf. Auf der Asphaltstraße gehen wir rechts hoch, stoßen auf die Verzweigung mit unserem Anstiegsweg und folgen dem Kiesweg in Richtung Jennerbahn Mittelstation. Durch schattigen Wald fast eben dahin, stoßen wir auf den Verbindungsweg von Hinterbrand, passieren die Radweg-Abzweigung rechts zur Königsbachalm, erreichen kurz darauf das Waldende und sind nach wenigen Minuten geradeaus an der **Mittelstation** 05 der Jennerbahn angekommen.

JENNER • 1874 m

Gondelfahrt auf einen grandiosen Aussichtsberg

5,25 km | 2:00 h | 72 hm | 689 hm | 794

START | Königssee, großer gebührenpflichtiger Parkplatz/Jenner Talstation, 625 m
[GPS: UTM Zone 33 x: 348.690 m y: 5.272.900 m]
CHARAKTER | Auffahrt mit der Bahn; 15-Minuten-Aufstieg zum Gipfel über breiten Weg und zum Schluss felsige, mit Drahtseilen versicherte Stufen; der Abstieg zur Mittelstation verläuft über breiten Fahrweg.

Der Jenner ist dank seiner Bahn natürlich ein begehrtes Ausflugsziel und man wird ihn selten für sich allein haben. Kaum eine andere Stelle bietet eine so einfache Möglichkeit, faszinierende Tiefblicke auf den Königssee und herrliche Ausblicke auf die umliegende Bergwelt zu genießen.

Der Übergang von der Bergstation zum Jennergipfel (etwa 30 Minuten hin und zurück) ist bei trockenen und guten Verhältnissen unschwierig. Die letzten Meter, im felsigen Gipfelbereich, sind mit Drahtseilsicherungen versehen.

Die Jennerbahn bietet mehrere Möglichkeiten, diese Tour zu gestalten. Die einfachste Variante: Sie benützen die Bahn für die Auf- und Abfahrt, dann haben Sie genügend Zeit, von der **Bergsta-**

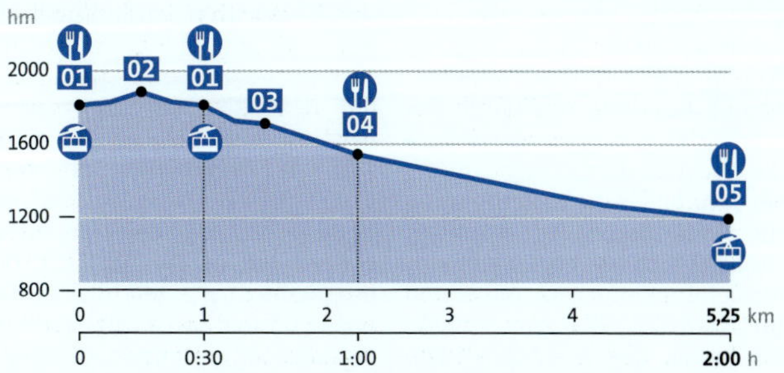

01 Jenner Bergstation, 1802 m; 02 Jenner, 1874 m; 03 Verzw. Stahlhausweg, 1700 m; 04 Mitterkaseralm, 1534 m; 05 Jenner Mittelstation, 1185 m

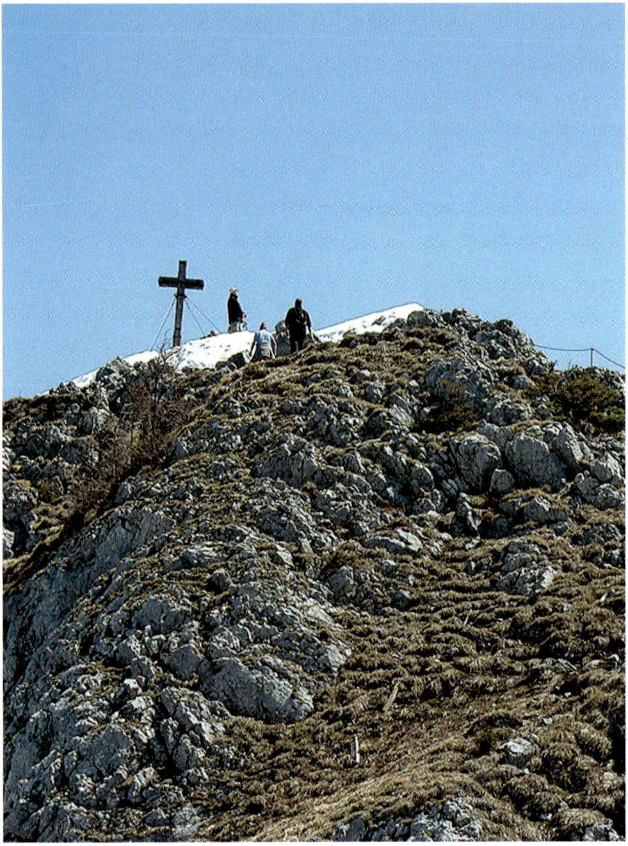

Der Jennergipfel.

tion 01 aus den etwa 15-minütigen Gipfelanstieg zur Aussichtsplattform und zum Hauptgipfel des **Jenner** 02 zu unternehmen und die Landschaft rund um den Gipfelbereich zu erkunden; mit herrlichem Panorama und einem fantastischen Blick zum Königssee hinab. Leicht zu erreichen sind in einstündigen Ausflügen (hin und zurück) sowohl das Carl-von-Stahl-Haus als auch das Schneibsteinhaus. Wer es sich auf dem Rückweg nicht ganz bequem machen will, wandert von der Bergstation auf dem Stahlhausweg bis zur **Verzweigung** 03, wo links der Pfad hinab zur **Mitterkaseralm** 04 (Einkehrmöglichkeit) ausgeschildert ist. Auf schönem, aussichtsreichem Wanderweg geht es dann hinunter zur **Mittelstation** 05, wo man in die Gondel steigt und den Rest gemütlich zur Talstation hinab schwebt.

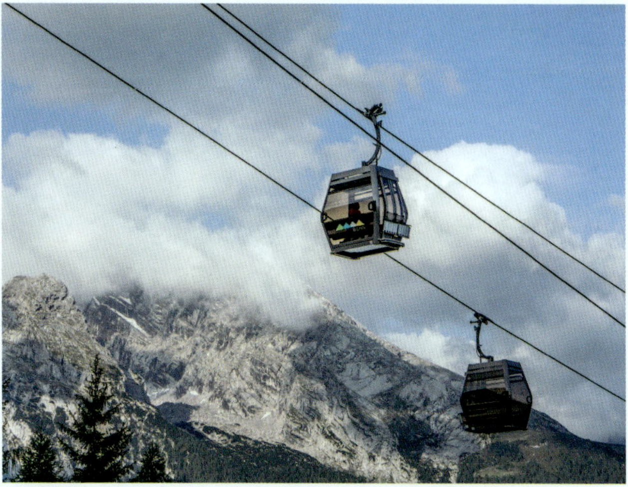

Die 10-Personen-Kabinengondeln der neuen Jennerbahn.

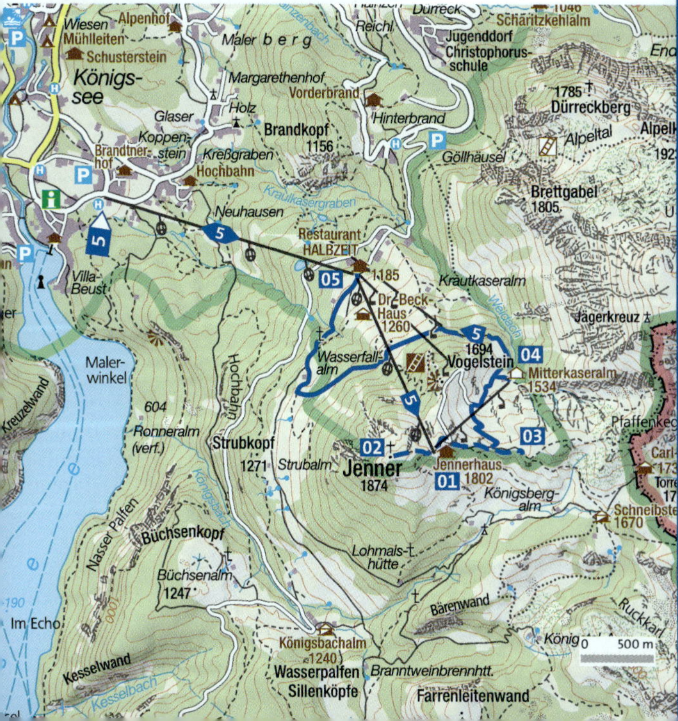

6

JENNER • 1874 m

Vom Königssee über Königsbach- und Königsbergalm

8,75 km | 4:15 h | 1282 hm | 90 hm | 794

START | Königssee, großer gebührenpflichtiger Parkplatz, 610 m [GPS: UTM Zone 33 x: 348.690 m y: 5.272.900 m]
CHARAKTER | Breite Forstwege bis zur Königsbergalm, dann kehrenreicher, schmaler und steilerer Pfad hoch zur Bergstation, der felsige Gipfelanstieg ist drahtseilversichert, aber bei guten Verhältnissen problemlos zu begehen.

Schöne Alternative, einen Seilbahnberg zu Fuß zu besteigen, mit einer willkommenen Einkehrmöglichkeit auf halber Strecke und einem sonnigen und schweißtreibenden Schlussanstieg, der für das richtige Gipfelerlebnis sorgt.

Wir verlassen den **Parkplatz** 01 am Königssee, passieren die **Talstation** 02 der Jennerbahn und biegen dann in die Richard-Voß-Straße rechts ab. Wenige Meter später weist uns die Beschilderung nach rechts in die Hochbahnstraße Richtung Königsbachalm. Leicht ansteigend am **Café Hochbahn** 03 vorbei, der Asphalt geht nach den letzten Häusern in einen Kiesweg über, tauchen wir in den schattigen Wald ein und unterqueren nach einer scharfen Rechtskurve die Jennerbahn. Über schmale Lichtungen (Skiabfahrten) und dann in vielen Kehren bringt uns der breite Hochbahnweg, mal mehr oder weniger steil ansteigend, zur **Verzweigung** 04 mit dem Verbindungsweg, der links von der

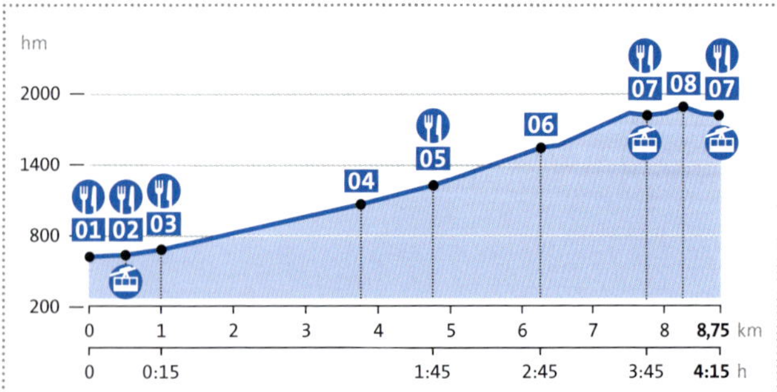

01 Parkplatz Königssee, 610 m; 02 Jenner Talstation, 625 m; 03 Café Hochbahn, 670 m; 04 Abzw. Hochbahnweg, 1050 m; 05 Königsbachalm, 1240 m; 06 Königsbergalm, 1530 m; 07 Jenner Bergstation, 1802 m; 08 Jenner, 1874 m

Jenner Mittelstation kommt. Kurz darauf ist die **Königsbachalm** 05, unsere willkommene Zwischenstation, erreicht. Wir folgen der Beschilderung Richtung Jenner, halten uns aber bei der Abzweigung zur Mittelstation nach rechts und biegen dann links ab auf den breiten Kiesweg, der uns leicht ansteigend hinauf zur **Königsbergalm** 06 führt. Bei dem links oberhalb vom Weg liegenden Almgebäude verlassen wir den breiten Weg, steigen etwas bergab, überqueren einen Bachlauf und folgen der Markierung „Jenner Bergstation“. Nun beginnt ein schmaler, serpentinenreicher und sehr sonniger Direktanstieg über einen steilen Wiesenhang zur hoch über uns thronenden **Jenner Bergstation** 07.

Der Übergang zum **Jennergipfel** 08 verläuft zunächst auf breitem Weg, vorbei an einer Aussichtsplattform, und ist im Gipfelbereich mit Draht-

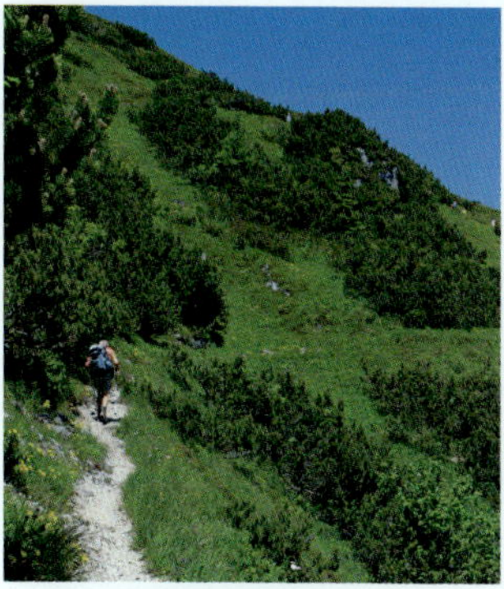

Im Anstieg von der Königsbergalm zur Jenner Bergstation.

seilsicherungen versehen. Bei trockenen Verhältnissen ein problemloses Gipfelfinale.

Zurück zur **Bergstation** 07, gelangen wir mit der Gondel gemütlich hinab ins Tal zum **Ausgangspunkt** 01.

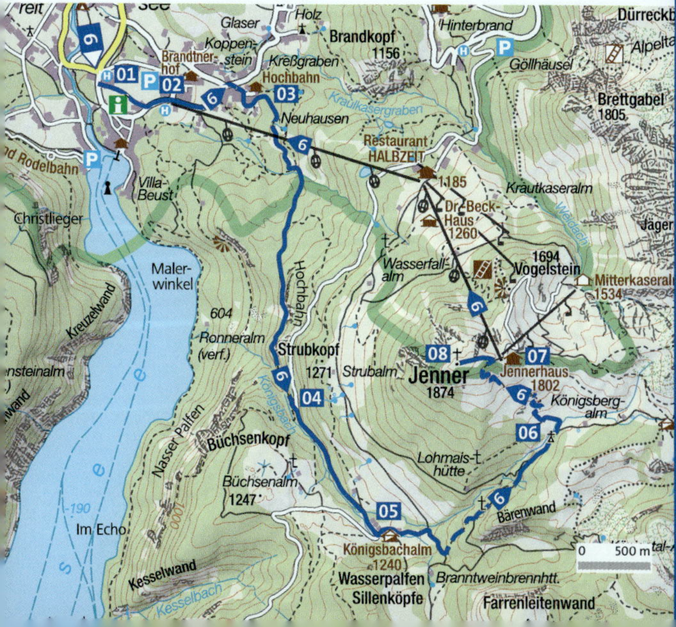

JENNER • 1874 m

Variantenreiche und zünftige Aussichtstour

10 km | 4:30 h | 774 hm | 774 hm | 794

START | Berchtesgaden, Hinterbrand, 1100 m (gebührenpflichtiger Parkplatz)
[GPS: UTM Zone 33 x: 351.340 m y: 5.273.210 m]
CHARAKTER | Leichte Bergwege und alternative Wiesenpfade, mit teils etwas steileren Passagen und einem felsigen Gipfelfinale.

Dank einer Vielzahl von Wanderwegen lässt sich der Jenner auch ohne die Benutzung der Gondel relativ leicht erreichen. Eine Variante beginnt in Hinterbrand, das wir von Berchtesgaden aus mit dem Auto, zuerst Richtung Obersalzberg, dann scharf rechts auf die Dürreckstraße abbiegend, erreichen.

▶ Wir durchschreiten den Parkplatz in **Hinterbrand** 01 und folgen dem schönen und schattigen Höhenweg, bis wir auf den breiten Forstweg zur Jenner Mittelstation treffen. Ein paar Meter später bei einer **Verzweigung** 02 zeigt uns das Schild links hoch den Steig über die Krautkaseralm zur Mitterkaseralm an. Über ein paar steilere Holzstufen und dann über freies Wiesengelände steigen wir zu einer Wegeteilung hoch, bleiben links unterhalb der Krautkaseralm und biegen dann rechts auf einem schmäleren Pfad ab (Mark. Mitterkaseralm). Bei einer Vieh-

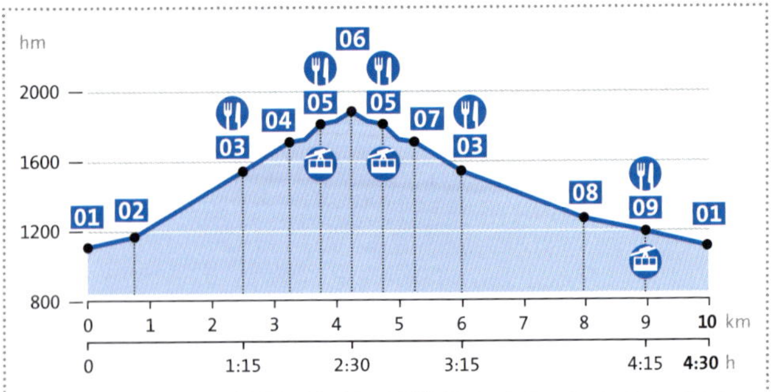

01 Hinterbrand, 1100 m; 02 Abzw. Krautkaser, 1160 m; 03 Mitterkaseralm, 1534 m; 04 Verzw. Stahlhausweg, 1700 m; 05 Jenner Bergstation, 1802 m; 06 Jenner, 1874 m; 07 Gleitschirmplatz, 1700 m; 08 Verzw. Königsbachalmweg, 1260 m; 09 Jenner Mittelstation, 1185 m

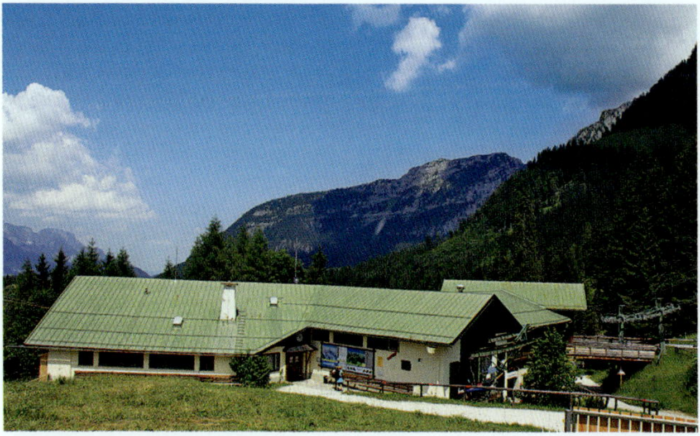

Die alte Jenner Mittelstation.

sperre stoßen wir auf eine große Skiliftstation, passieren links an ihr vorbei und erreichen nach ein paar steilen Anstiegsmetern den breiten Kiesweg, der in großen Kehren und weiter leicht ansteigend zur **Mitterkaseralm** 03 hochführt.

Man hat nun zwei Möglichkeiten, zur Bergstation, deren Antennen von hier aus schon zu sehen sind, aufzusteigen. Rechts an der Alm vorbei, sofort wieder rechts hoch und dann in einem Linksschwenk direkt auf die Bergstation zu. Oder man hält sich ziemlich geradeaus in den Kessel hinein und steigt über Kehren, die Felsen links umgehend, hinauf zur **Verzweigung** 04 mit dem Stahlhausweg.

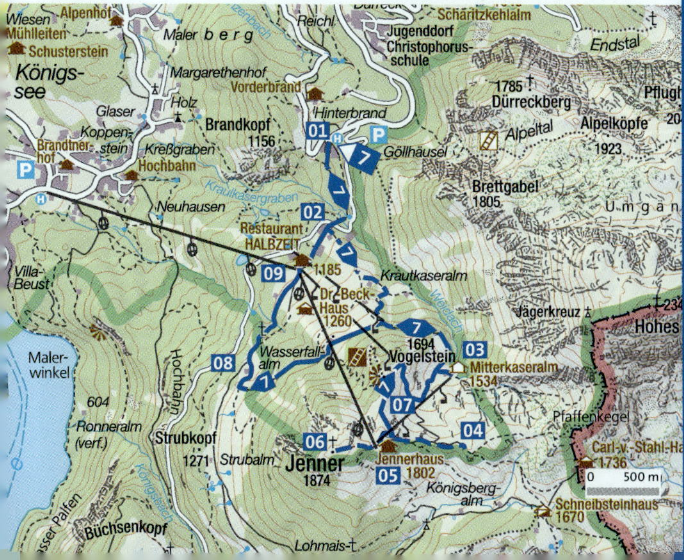

Von dort in ein paar Kehren rechts hinauf zur **Bergstation 05**.

In einer Viertelstunde gelangt man auf den Gipfel des **Jenner 06**, die letzten Meter über Holzstufen; vorher kann man noch auf einer Aussichtsplattform mit Fernrohr schöne Tiefblicke zum Königssee genießen.

Beim Abstieg wählen wir die linke Variante, halten uns links, unterqueren den Lift und wandern am **Gleitschirmplatz 07** vorbei in einer großen Rechtskehre den Hang zur **Mitterkaseralm 03** hinab. Auf dem breiten und bequemeren Hauptweg gelangen wir, in einer großen Rechtskehre, zur **Verzweigung 08** mit dem Königsbachalmweg und auf ihm zur **Mittelstation 09** (evtl. Abstecher zum Dr.-Beck-Haus). Weiter geradeaus und auf dem Anstiegsweg zurück nach **Hinterbrand 01**.

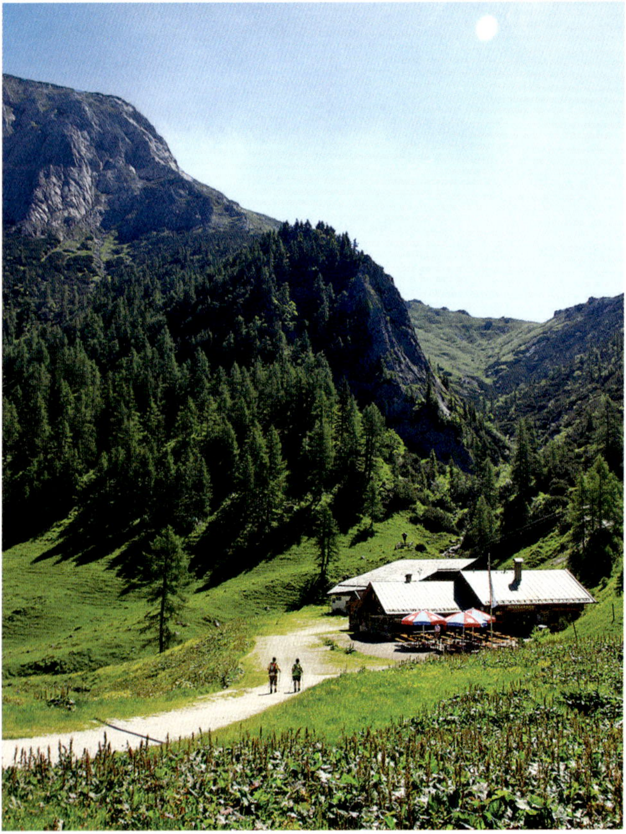

Die Mitterkaseralm.

KÖNIGSBACHALM • 1240 m

Gemütliche Höhenweg-Panoramawanderung

7 km | 2:15 h | 225 hm | 225 hm | 794

START | Königssee/Jenner Mittelstation, 1185 m; Jenner Talstation, 625 m (Parkplatz)
[GPS: UTM Zone 33 x: 350.960 m y: 5.272.260 m]
CHARAKTER | Leichte Wanderung auf guten Wegen ohne spürbare Höhenunterschiede, der Hauptweg ist sehr sonnig und aussichtsreich, der Abstecher zum Dr.-Beck-Haus verläuft über einen schattigen, teils wurzeligen Wanderpfad.

Auf dem breiten Wanderweg verlassen wir die aussichtsreiche **Jenner Mittelstation** 01 und unterqueren den Jenner auf seiner Südseite. Über das von der Mittelstation links oben zu sehende Dr.-Beck-Haus verläuft unser Rückweg.

Über freies Almgelände wandern wir fast eben Richtung Süden. Nur kurze Abschnitte führen durch schattigen Wald. Bei heißen Temperaturen also eine durchaus sonnige Angelegenheit. Wir passieren links die **Abzweigungen** zum Dr.-Beck-Haus, zur **Jenner Bergstation** 02 und etwas später zur Königsbergalm, wandern aber stets – mit schönen Ausblicken zum Watzmann – geradeaus weiter in südlicher Richtung, vorbei auch an der **Strubalm** 03, die rechts wenig unterhalb des Weges

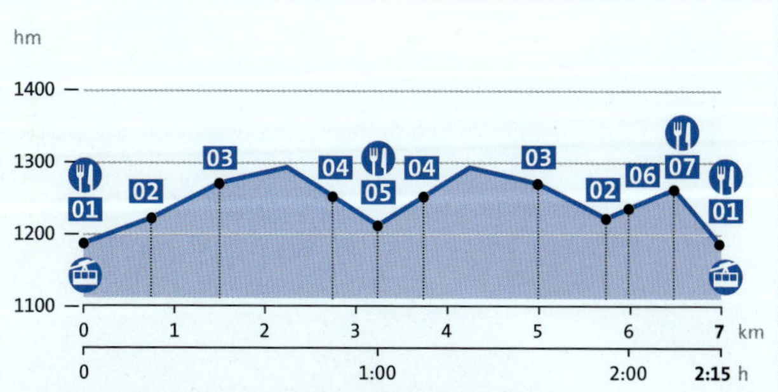

01 Jenner Mittelstation, 1185 m; 02 Abzweig Jenner Bergstation, 1220 m; 03 Strubalm, 1268 m; 04 Abzweig Königsbergalm, 1250 m; 05 Königsbachalm, 1240 m; 06 Abzweig Dr.-Beck-Haus, 1234 m; 07 Dr.-Beck-Haus, 1260 m

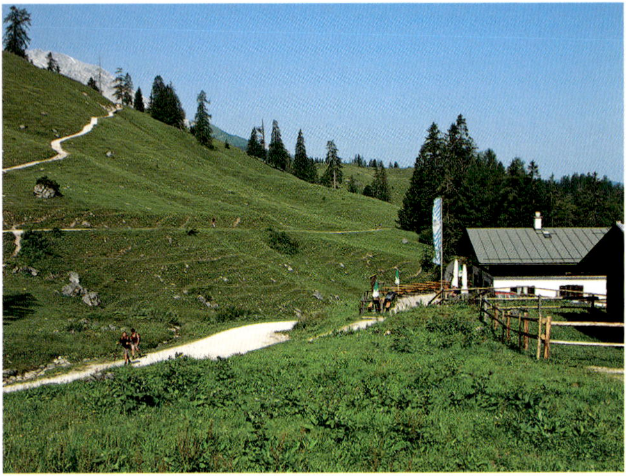

Ein Wanderwegeknotenpunkt: die Königsbachalm.

liegt. Ab hier ist der Blick geradeaus frei auf das Steinerne Meer.

Bei der nächsten **Abzweigung** 04 haben wir schon das Königsbach-Almgelände erreicht und marschieren rechts abwärts zu den Almgebäuden. Insgesamt sieben Almhütten umfasst die Königsbachalm, die einst zum Jagdgebiet Hermann Görings gehörte und heute in der Pflegezone des Nationalparks Berchtesgaden liegt.

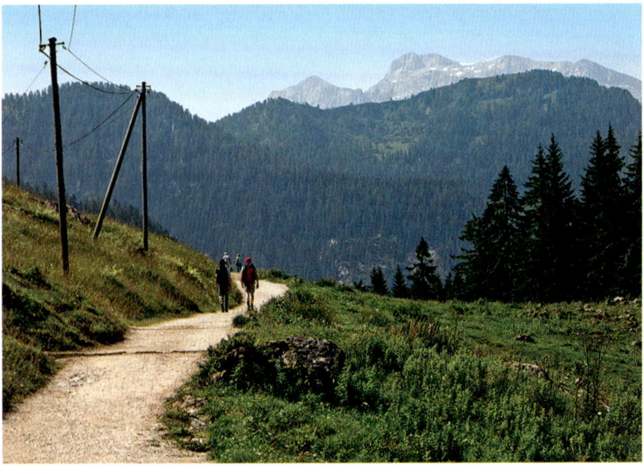

Der Panoramaweg zur Königsbachalm bietet schöne Aussichten.

Nach einer ausgiebigen Einkehr in der bewirteten **Königsbachalm** 05 wandern wir wieder auf dem Hinweg zurück. Bei der **Abzweigung** 06 zum Dr.-Beck-Haus steigen wir den schmalen Pfad hoch und in den schattigen Wald hinein. Nun geht es rauf und runter auf schmalem, etwas wurzeligem Pfad, über einen Bachlauf, und nach einem kurzen Anstieg stehen wir vor dem aussichtsreichen **Dr.-Beck-Haus,** 07 das uns mit seiner Sonnenterrasse zur Einkehr einlädt. In wenigen Minuten geht es zur sichtbaren **Mittelstation** 01 hinab.

Variante

Über den Fahrweg und den „Hochbahnweg“ kann man von der Königsbachalm alternativ direkt bis zur Jenner Talstation und nach **Königssee** absteigen (1,5 Std.).

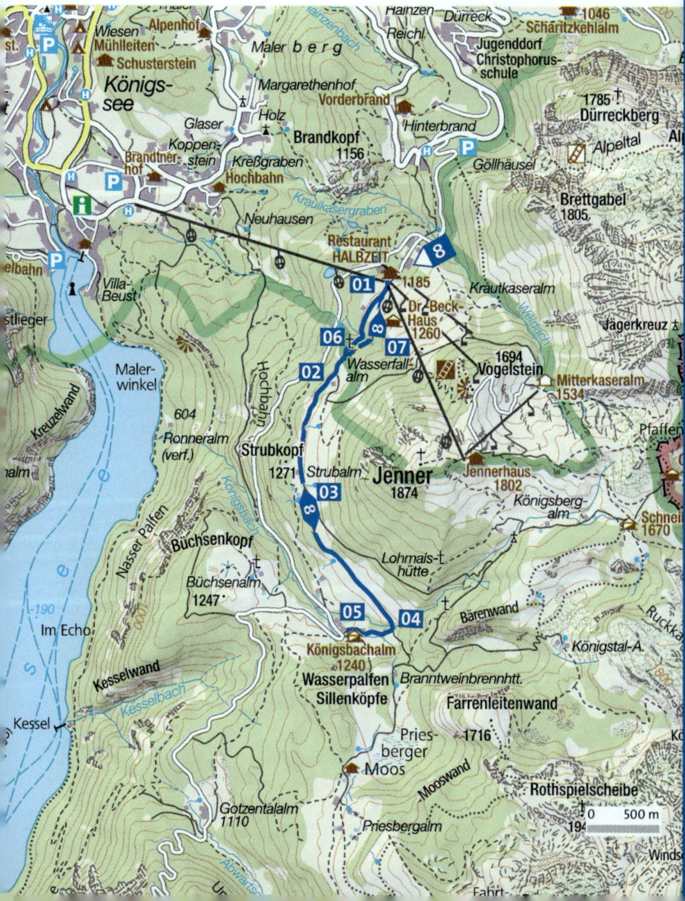

9

CARL-VON-STAHL-HAUS • 1736 m
SCHNEIBSTEINHAUS • 1670 m

Reizvolle Hütten-Höhenwanderung mit Panoramaaussicht

3,75 km 1:30 h 188 hm 188 hm 794

START | Königssee, Jenner Bergstation, 1802 m
[GPS: UTM Zone 33 x: 351.450 m y: 5.271.080 m]
CHARAKTER | Problemlose und aussichtsreiche Höhenwanderung ohne großen Höhenunterschied.

Von der Jenner Bergstation ist unser Ziel, das Carl-von-Stahl-Haus, genauso wie der Hüttenweg, schon von der Terrasse der Bergstation aus gut einzusehen. (Wer auf dem Rückweg die direkte Abstiegsvariante über die Mitterkaseralm zur Mittelstation wählt, sollte den Kurztrip auf den Jennergipfel vorab unternehmen!)

Von der Jenner **Bergstation** 01 starten wir auf dem markierten Wanderweg Richtung Osten. Rund 100 Höhenmeter steigen wir auf dem ersten Wegdrittel abwärts zu einer Senke im Gratverlauf (bis etwa zur Verzweigung mit dem Weg, der nach links zur Mitterkaseralm hinunter führt), dann in leichtem Auf und Ab, bis der Weg zum Schluss wieder leicht ansteigt. Anfangs können wir links unten die Mitterkaseralm erkennen, später tauchen dann rechts unten die Königsbergalm und das Schneibsteinhaus auf.

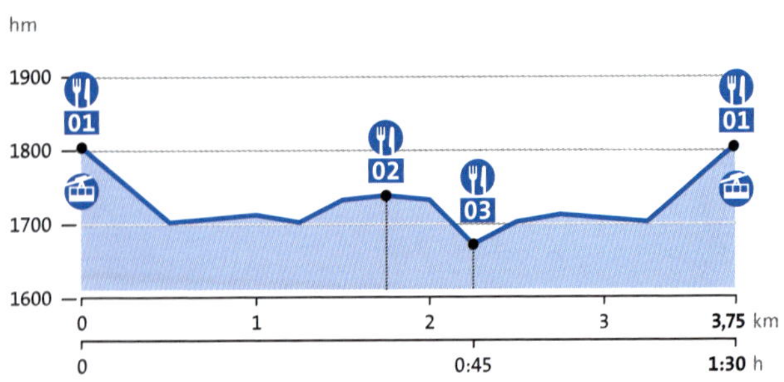

01 Jenner Bergstation, 1802 m; 02 Carl-von-Stahl-Haus, 1736 m; 03 Schneibsteinhaus, 1670 m

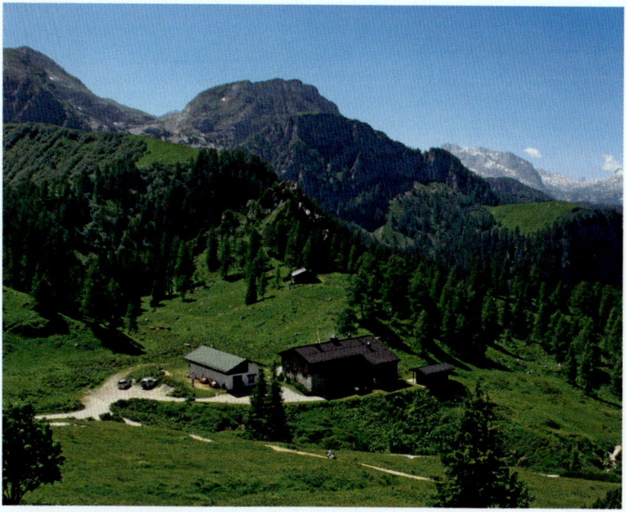

Das Schneibsteinhaus.

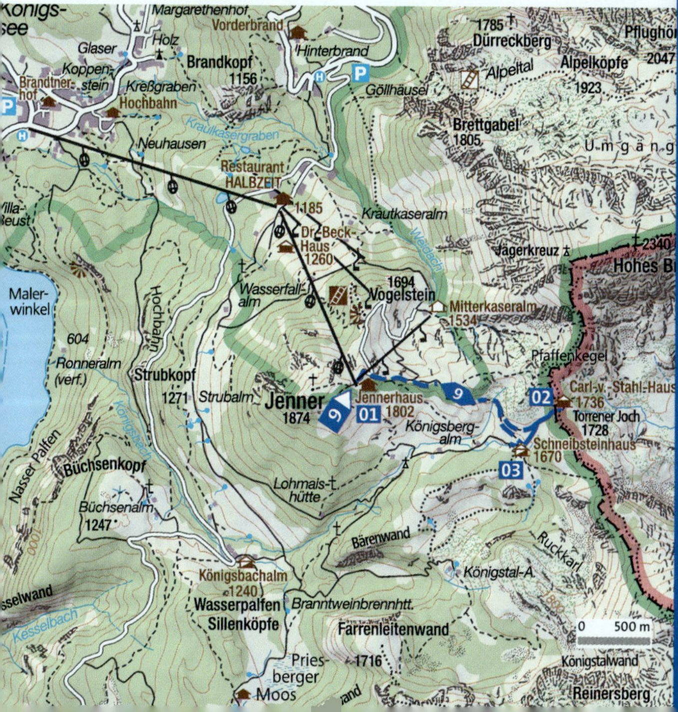

Abstiegsvariante

Eine längere und auch deutlich anstrengendere Rückweg-Variante verläuft vom Schneibsteinhaus weiter abwärts zur Königsbergalm, mit zusätzlich rund 150 Meter Höhenverlust; dann halten wir uns rechts und steigen auf einem steilen Pfad in engen Kehren wieder knappe 300 Höhenmeter hoch zur Bergstation. Wer diesen steilen Anstieg scheut, kann auch weiter abwärts zur Königsbachalm und von dort in einer Stunde auf dem Panoramaweg fest eben hinüber zur Jenner-Mittelstation wandern.

Der Ausblick vom **Carl-von-Stahl-Haus** 02 ist imposant. Seine Lage im Torrener Joch bietet nach Osten einen schönen Blick ins österreichische Bluntautal und nach Westen ins Königsbachtal. Von hier starten auch die Gipfeltouren rechts zum Schneibstein und links zum Hohen Brett.

Auf dem Rückweg nehmen wir nach ein paar Metern die erste markierte Abzweigung links hinab zum nahen und sichtbaren **Schneibsteinhaus** 03. Vor dem Haus halten wir uns rechts und steigen auf dem schmalen Pfad am Hang entlang wieder hoch zu unserem Hinweg und zurück zur **Bergstation** 01.

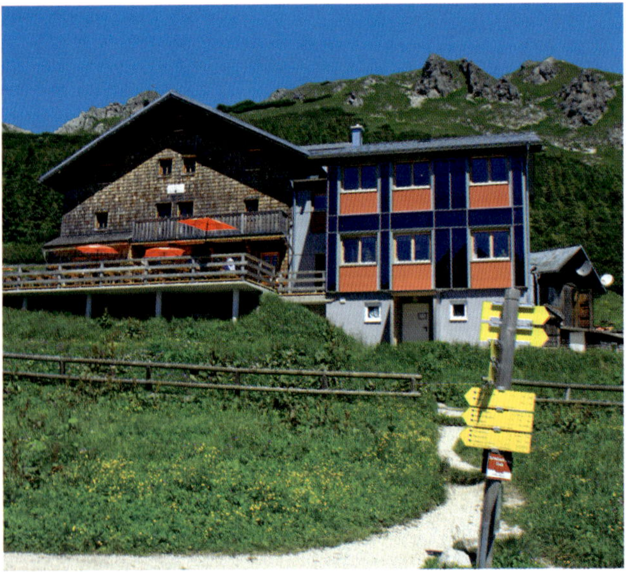

Das Carl-von-Stahl-Haus mit dem 2012 neu aufgestockten Nebentrakt.

SCHNEIBSTEIN • 2276 m
SEELEINSEE • 1820 m

Unterwegs auf der kleinen Reib'n

18,25 km | 6:45 h | 621 hm | 1813 hm | 794

START | Königssee, Jenner Bergstation, 1802 m
[GPS: UTM Zone 33 x: 351.450 m y: 5.271.080 m]
CHARAKTER | Breite Wanderwege, schmale Bergpfade, Wald- und Wiesenwege; diese lange Tour ist anstrengend, ohne wirklich schwierig zu sein, und bietet enorm viel Abwechslung.

Nach dem Anstieg zum Schneibstein folgt eine grandiose Höhenwanderung zum Seeleinsee und ein beeindruckender Abstieg ins Almgebiet der Priesberg- und Königsbachalmen. Wer sich den kompletten Fußabstieg zum Königssee sparen will, kann auch bequemer ab der Mittelstation mit der Gondel ins Tal hinab schaukeln.

▶ Von der **Jenner Bergstation** 01 wandern wir in Richtung Stahlhaus, bis nach rechts ein schmaler Pfad zum **Schneibsteinhaus** 02 abzweigt. Am Hang entlang leicht bergab und vor der Hütte links vorbei. Wir folgen dem schmalen Pfad, der sich schön durch den Latschenhang schlängelt, bis wir auf die **Verzweigung** 03 mit dem Stahlhaus-Weg treffen. Nun rechts

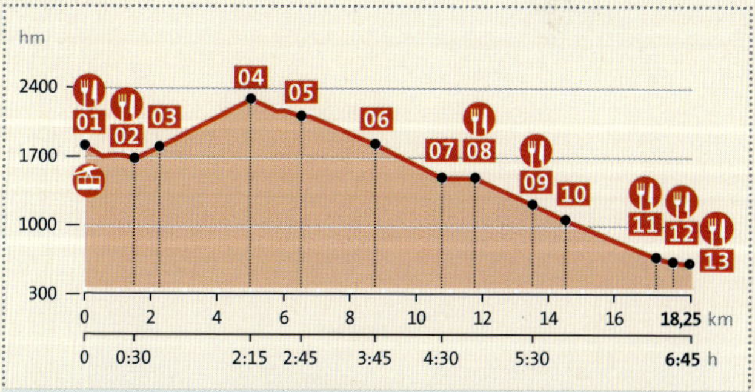

01 Jenner Bergstation, 1802 m; 02 Schneibsteinhaus, 1670 m; 03 Verzw. Stahlhausweg, 1790 m; 04 Schneibstein, 2276 m; 05 Windscharte, 2103 m; 06 Seeleinsee, 1820 m; 07 Verzw. Hirschenlauf, 1480 m; 08 Priesbergalm, 1480 m; 09 Königsbachalm, 1210; 10 Abzw. Hochbahnweg, 1050 m; 11 Café Hochbahn, 670 m; 12 Jenner Talstation, 625 m; 13 Parkplatz Königssee, 610 m

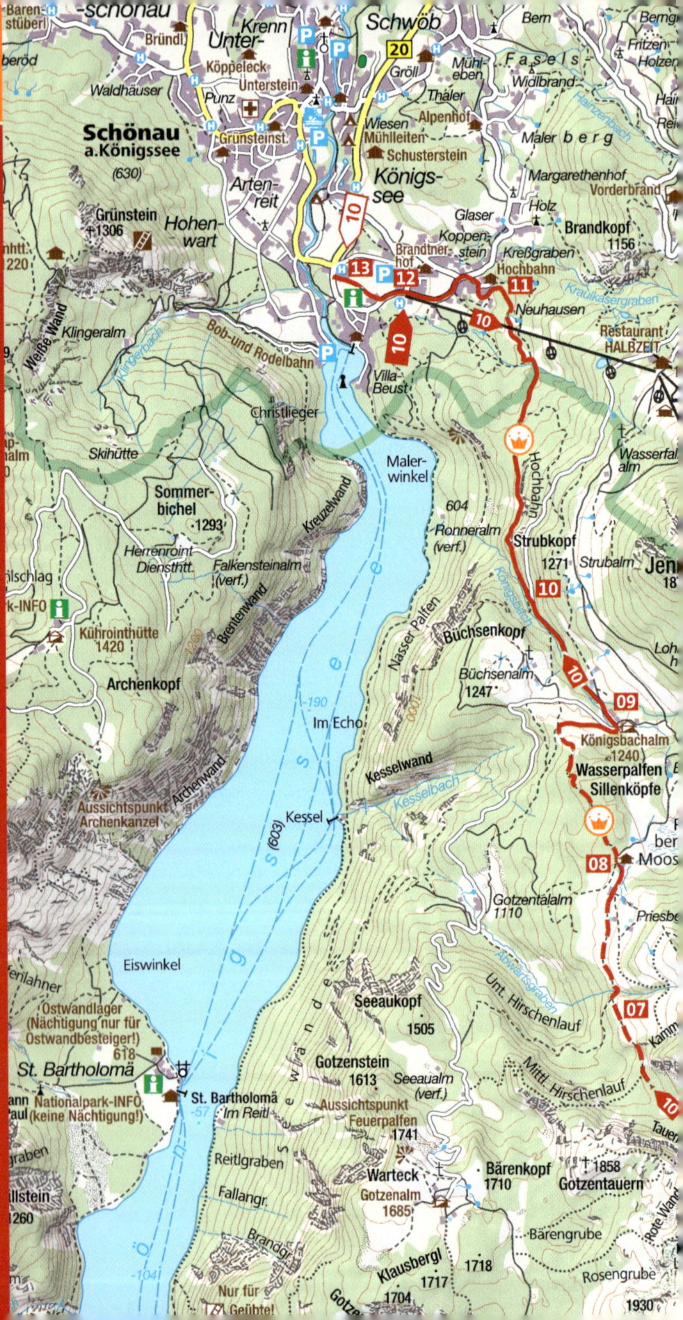
Schönau
a.Königssee
(630)
Schwöb
Unter-
Krenn
Bründl
Köppeleck
Unterstein
Punz
Grünsteinst.
Waldhäuser
Arten-
reit
Königs-
see
20
Gröll
Mühl-
eben
Thaler
Wiesen
Mühlleiten
Alpenhof
Schusterstein
Bern
Fritzen
Holzen
Faselsberg
Widlbrand
Maler berg
Hainzenbach
Margarethenhof
Vorderbrand
Holz
Brandkopf
1156
Glaser
Koppen-
stein
Kreßgraben
Brandtner-
hof
Hochbahn
Neuhausen
Kraulkasergraben
Restaurant
HALBZEIT
Grünstein
1306
Hohen-
wart
Klingeralm
Weiße Wand
Klingerbach
Bob- und Rodelbahn
Villa
Beust
Christlieger
Skihütte
Sommer-
bichel
1293
Herrenroint
Dienstht.
Falkensteinalm
(verf.)
Kreuzelwand
Maler-
winkel
604
Ronneralm
(verf.)
Hochbahn
Strubkopf
1271
Strubalm
Wasserfall-
alm
Kührointhütte
1420
Brentenwand
Nasser Palfen
Büchsenkopf
Büchsenalm
1247
Königsbach
Archenkopf
-190
Im Echo
Königsbachalm
1240
Wasserpalfen
Sillenköpfe
Moos
Kesselwand
Kesselbach
Kessel
Archenwand
Aussichtspunkt
Archenkanzel
(603)
Gotzentalalm
1110
Priesberg
Eiswinkel
Abwärtsgraben
Unt. Hirschenlauf
Seeaukopf
1505
Ostwandlager
(Nächtigung nur für
Ostwandbesteiger!)
618
St. Bartholomä
Nationalpark-INFO
(keine Nächtigung!)
St. Bartholomä
-57
Im Reitl
Gotzenstein
1613
Seeaualm
(verf.)
Mittl. Hirschenlauf
Aussichtspunkt
Feuerpalfen
1741
Reitlgraben
Warteck
Gotzenalm
1685
Bärenkopf
1710
1858
Gotzentauern
Fallangr.
Brandgr.
Bärengrube
-104
Klausbergl
1717
1718
1704
Rosengrube
1930
Nur für
Geübte!
Königssee
13
12
11
10
09
08
07

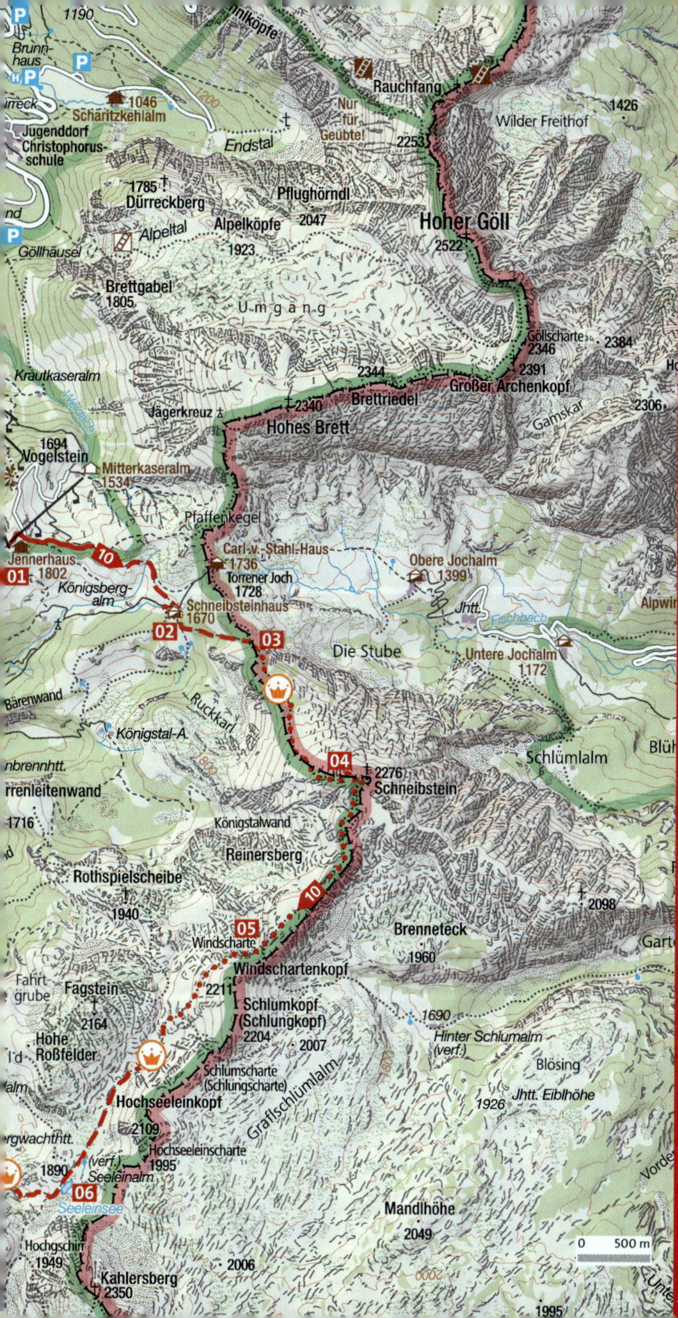

Brunnhaus
Scharitzkehlalm
1046
Jugenddorf Christophorus-schule
Endstal
Nur für Geübte!
Rauchfang
2253
Wilder Freithof
1426
1785
Dürreckberg
Pflughörndl
2047
Alpelköpfe
Alpeltal
1923
Göllhäusel
Hoher Göll
2522
Brettgabel
1805
Umgäng
Göllscharte
2346
2384
2391
2344
Großer Archenkopf
Krautkaseralm
Brettriedel
Gamskar
2306
Jägerkreuz
2340
Hohes Brett
1694
Vogelstein
Mitterkaseralm
1534
Pfaffenkegel
Jennerhaus
1802
01
10
Carl-v.-Stahl-Haus
1736
Obere Jochalm
1399
Torrener Joch
1728
Königsbergalm
Schneibsteinhaus
1670
Jhtt.
Fischbach
Alpwi
02
03
Die Stube
Untere Jochalm
1172
Bärenwand
Ruckkarl
Königstal-A.
Schlümlalm
04
2276
Schneibstein
rrenleitenwand
1716
Königstalwand
Reinersberg
Rothspielscheibe
1940
2098
05
Brenneteck
1960
Windscharte
Windschartenkopf
Fahrtgrube
Fagstein
2211
2164
Schlumkopf (Schlungkopf)
2204
2007
1690
Hinter Schlumalm (verf.)
Hohe Roßfelder
Blösing
Schlumscharte (Schlungscharte)
Grafschlümlalm
Hochseeleinkopf
1926
Jhtt. Eiblhöhe
2109
Hochseeleinscharte
1995
1890
(verf.) Seeleinalm
06
Seeleinsee
Mandlhöhe
2049
Hochgschirr
1949
0
500 m
2006
Kahlersberg
2350
1995

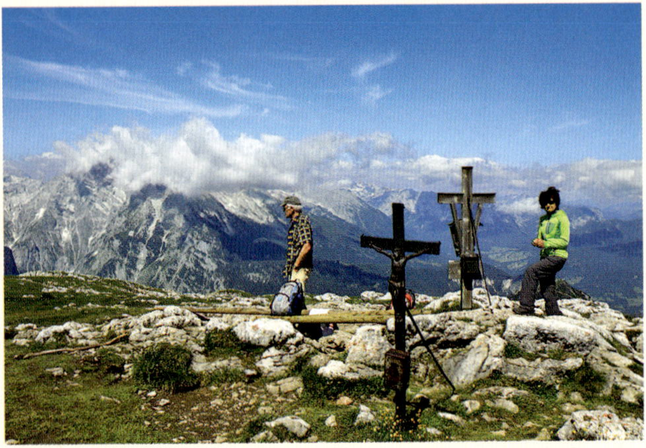

Am Schneibsteingipfel.

dem Anstiegsweg zum Schneibstein folgen. Durch Latschen und über felsige Absätze steigen wir hoch, teils unterstützt durch Stein- und Holzstufen. Nach einem Schuttkar traversiert man das felsige Terrain rechtshaltend bis zum schrofigen Grat, wo man sich links hält und über den breiten Rücken zum flachen Gipfelplateau des **Schneibsteins** 04 ansteigt.

Wir folgen am Gipfel der Beschilderung Richtung Seeleinsee, es geht sehr aussichtsreich über kleine Altschneefelder und zwischen Felsen hindurch abwärts, bis auf wenige steilere Stellen meist eher gemäßigt. Karge Steinwüstenbereiche wechseln mit pflanzenreichen, grasigen Etappen ab, insgesamt schlängelt sich der Weg links unterhalb des Kamms entlang. Ein sehr schöner Hangpfad bringt uns zur Position **Windscharte** 05, anschließend folgt eine Abwärtsquerung durch felsiges, abschüssiges Gelände, das immer wieder mal mit steileren Felsstufen aufwartet. Wir nähern uns der Talsohle, nach vorne ist vereinzelt schon der Blick auf den kleinen Seeleinsee möglich. Es geht dann nochmals über mehrere felsige Steilstufen bergab, und in der Talsohle wandert man über Altschneefelder und eine blumenreiche Landschaft zum **Seeleinsee** 06, der links unterhalb des Weges auftaucht.

Kurz nach dem See treffen wir auf eine Verzweigung und biegen rechts ab Richtung Priesbergalm. Zunächst über felsigeres Gelände, dann durch Wald, erreichen wir wieder offenes Wiesengelände. Nach der **Verzweigung** 07 mit dem Unteren Hirschenlauf überqueren wir einen Bach und wandern auf einem aussichtsreichen Pfad an der Priesbergalm vorbei. Die jetzt breitere Kiesstraße fällt ab, und nach der **Priesbergalm** 08 zweigt vor einer Kurve am Waldrand links ein nicht markierter Pfad ab. Anfangs flach, dann stetig abwärts führend, bringt uns der manchmal etwas steinige Pfad durch den schattigen Wald hinab zur **Königsbachalm** 09, die rechts unten sichtbar wird, sobald wir das Waldende erreicht haben. Auf der breiten Kiesfahrstraße Richtung Mittelstation geht es, am Königsbach entlang, bergab, bis wir links auf den **Abzweig** 10 zum **Hochbahnweg** treffen. Nach Unterqueren der Seilbahn stoßen wir nach einer scharfen Linkskurve auf die ersten Häuser und auf Asphalt. Am **Café Hochbahn** 11 vorbei, passieren wir die **Talstation** 12 und sind wenige Schritte später am **Parkplatz** 13.

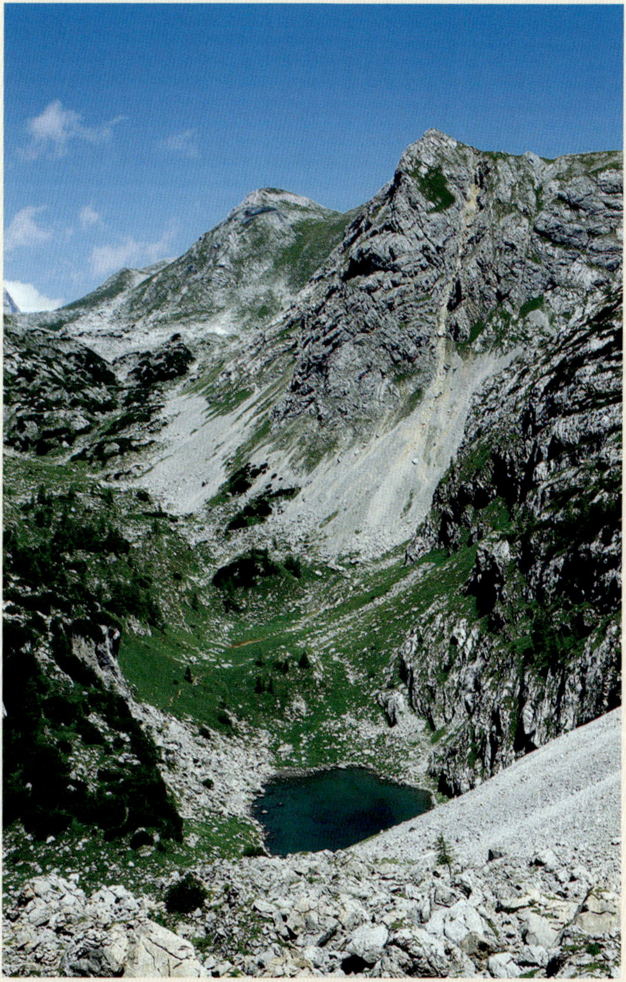

Blick zum Seeleinsee und den Wegverlauf vom Schneibstein.

11

GRÜNSTEIN • 1306 m

Auf den kleinen Bruder des Watzmann

8,25 km | 3:45 h | 708 hm | 708 hm | 794

START | Königssee, großer gebührenpflichtiger Parkplatz, 610 m [GPS: UTM Zone 33 x: 348.690 m y: 5.272.900 m]
CHARAKTER | Wiesen- und Forstwege und kurz auf asphaltierter Straße, oberhalb vom Bobbahn-Start beginnt ein gut angelegter und stellenweise recht steiler Steig, der in engen Kehren durch den Wald hinauf führt. Der schmale Pfad ist ungefährlich, aber bei Nässe nicht unbedingt zu empfehlen.

Der dem Watzmann vorgelagerte, dicht bewaldete Rücken weist vom Königssee aus gesehen eine recht eindrucksvolle, felsige Seite auf. Ein willkommenes Nahziel für alle Königssee-Besucher, zumal das Gipfelplateau des Grünstein eine ähnlich imposante – aber doch wesentlich schneller und vor allem einfacher zu erreichende – Aussicht wie sein großer und bekannterer Bruder, der Watzmann, bietet.

Vom **Parkplatz Königssee** 01 gehen wir zu den An- und Ablegeplätzen am **Hafen** 02 der Königsseeboote. Dort rechts haltend am Ufer entlang, über die überdachte **Holzbrücke** 03 ans andere Ufer, hinauf zur Straße und dem Schild Richtung Grünstein folgen oder nach rechts, kurz der Straße entlang, bis nach der Kurve ein Schild nach links Richtung „Ramsau/Oberschönau“ weist. Wir folgen dem beschilderten Wanderweg,

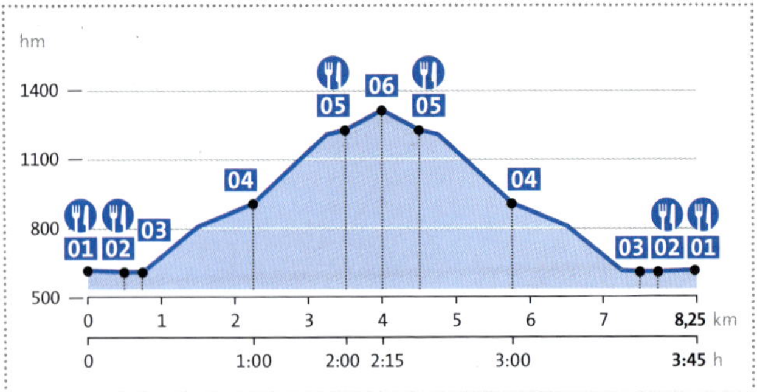

01 Parkplatz Königssee, 610 m; 02 Königssee Hafen, 604 m; 03 Brücke, 604 m; 04 Verzw. Steig, 900 m; 05 Grünsteinhütte, 1220 m; 06 Grünstein, 1306 m

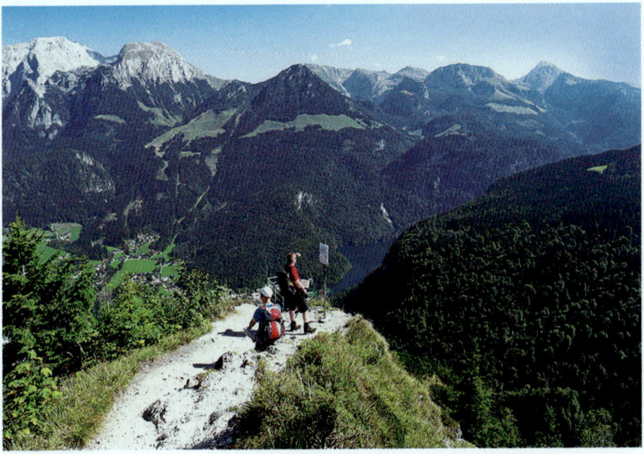

Panoramablick vom Grünsteingipfel.

bis wir auf das Sträßchen treffen, das entlang der Bobbahn hochführt. Weiter der Markierung folgend, steigen wir auf dem breiten Weg an, bis wir nach einer guten Stunde Gehzeit in Höhe der Startanlage der Bobbahn (links von uns) ankommen. Kurz danach, ein paar Meter nach dem Einstieg zum Grünstein-Klettersteig, weist

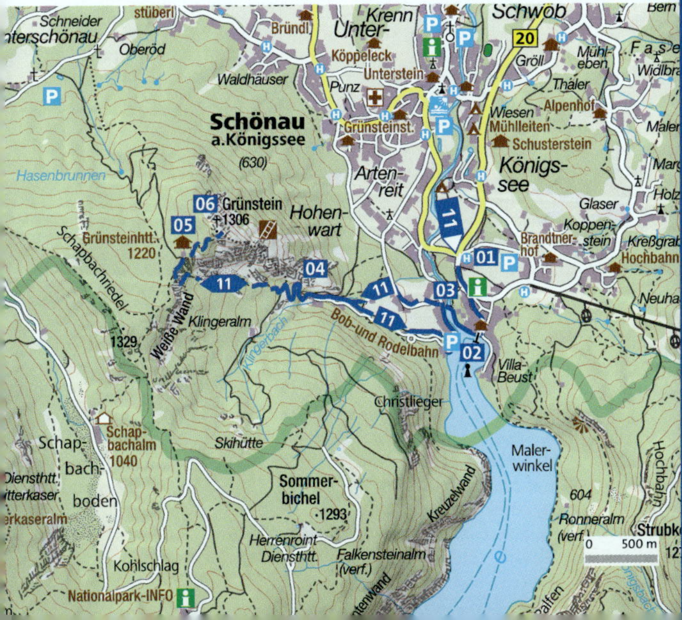

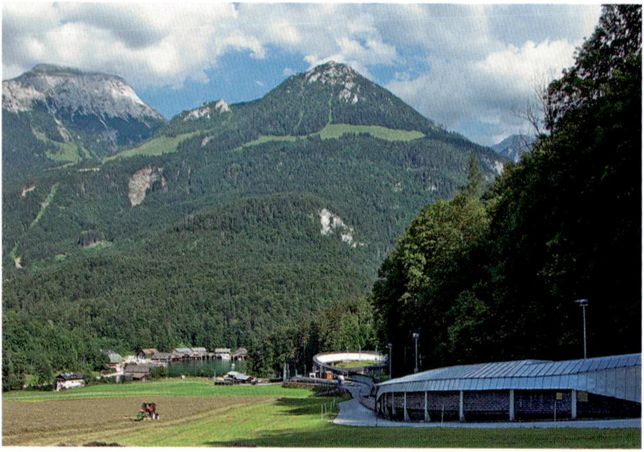

Die alternative Abstiegsroute führt entlang der Bob- und Rodelbahn.

uns bei einer **Verzweigung** 04 ein Schild nach rechts auf den schmalen und steiler werdenden Steig (Schild) zur Grünsteinhütte hinauf.

Bei Nässe ist der Steig rutschig und nicht unbedingt zu empfehlen. Der meist schattig im Wald verlaufende Anstieg durch den Klinggraben in Richtung Weiße Wand eröffnet eindrucksvolle Einblicke in die schroffen Felsenabbrüche der Grünstein-Südwand. Nach etlichen Stufen und vielen engen Serpentinen stoßen wir nach ungefähr 45 Minuten auf den von links kommenden Wanderweg, der von der Kührointhütte herkommt. Wir halten uns rechts und stehen wenige Minuten später vor der meist gut besuchten **Grünsteinhütte** 04.

Am mit einem Holzgeländer gesicherten Ausguck können wir einen interessanten Tiefblick zum Königssee und zum Verlauf der in der Sonne glänzenden Bobbahn hinunter genießen. In einer guten Viertelstunde erreicht man dann auf einem stark verwurzelten, aber unschwierigen Weg das Gipfelplateau des **Grünsteins** 05, das einen beachtlichen Weitblick ins Berchtesgadener Tal und hinüber zum Watzmann gestattet. Auf zwei kleineren Gipfelerhebungen stehen etliche Rastbänke, ein überdachtes Holzkreuz mit Christusfigur und Gipfelbuchkasten sowie etwas unterhalb die temporäre GATE Sendestation, die seit 2006 Vermessungsdaten für das Navigationssystem GALILEO sammelt. Hier ist auch der Ausstieg des Grünstein-Klettersteigs beschildert.

Der Abstieg verläuft über den Anstiegsweg, bis wir nach der Steig-**Verzweigung** 04 wieder den Kiesweg erreichen. Hier halten wir uns rechts, steigen ein paar Meter ab zur Bob- und Rodelbahn hinüber und folgen dem asphaltierten Sträßchen, das uns direkt an der Bahn entlang zum See hinab leitet. Linkshaltend geht es zurück zur **Brücke** 03 und auf dem Uferweg wieder zum **Ausgangspunkt** 01.

GRÜNSTEINHÜTTE • 1220 m

Rund um den Grünstein

10,5 km | 4:30 h | 652 hm | 652 hm | 794

START | Königssee, großer gebührenpflichtiger Parkplatz, 610 m [GPS: UTM Zone 33 x: 348.690 m y: 5.272.900 m]
CHARAKTER | Bequeme Wander- und breite Forstwege, kurze asphaltierte Abschnitte und gut begehbare Waldsteige und -pfade.

Schöne Rundtour mit gemächlichem Beginn und leichtem Aufstieg zur Grünsteinhütte über den breiten, gekiesten Fahrweg, der sich über den ausgeschilderten, etwas anspruchsvolleren Waldpfad abkürzen lässt.

▶ Vom **Parkplatz** 01 geht es am Hafen vorbei links zur überdachten **Holzbrücke** 02. Auf der anderen Uferseite folgen wir ein Stück weit der Asphaltstraße, bis uns, bei einem Bach, die Markierung nach links auf einen Kiesweg ableitet, Richtung Hammerstiel. Kurz rechts hoch, dann wandern wir meist am Waldrand auf schönem Kiesweg etwas oberhalb von Schönau mit Aussicht auf den Untersberg und die Schlafende Hexe gemütlich dahin. Wieder auf Asphalt und vorbei am **Grünsteinstüberl** 03 biegen wir links ab, steigen an, bis wir vor dem Bauhof Schönau rechts in den Wald schwenken. Auf einem Kiesweg gelangen wir zur Verzweigung mit der Autostraße, biegen links ab und folgen dem Gehweg, vorbei am kleinen Grünstein-Lift, bis nach der Pension Obergrünstein-

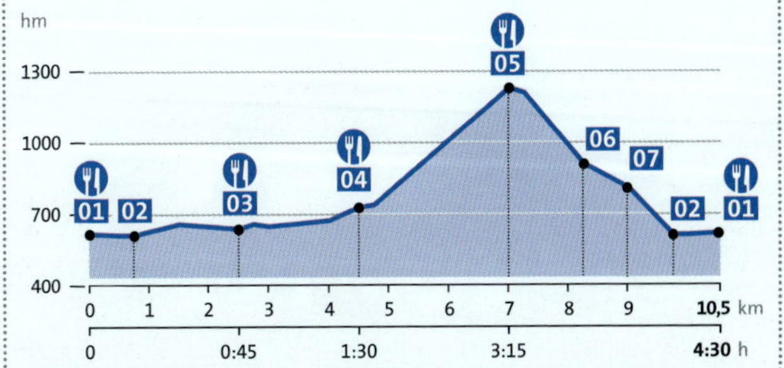

01 Parkplatz Königssee, 610 m; 02 Brücke, 604 m; 03 Grünsteinstüberl, 630 m; 04 Oberöd, 720 m; 05 Grünsteinhütte, 1220 m; 06 Verzweigung Kühroint, 900 m; 07 Rodelbahnweg, 800 m

lehen die Markierung scharf links hoch weist, Richtung Hammerstiel über Hochödlehen. Bis zum Haus Bergquelle auf Asphalt, dann auf einem schottrigen, am Schluss recht steilen Waldweg, gelangen wir auf eine freie Wiesenfläche, marschieren eben zum Haus Hochödlehen in **Oberöd** **04** und über den Hochödweg zur Abzweigung links zur Grünsteinhütte. Ein paar Minuten später trifft man auf den Weg, der vom Parkplatz Hammerstiel hochführt. Über den breiten, manchmal ordentlich ansteigenden Kiesweg steigen wir bergauf durch den Wald, bis wir unmittelbar vor der **Grünsteinhütte** **05** ankommen.

Nach dem Hüttenbesuch geht es ein paar Meter rechts abwärts bis zur Verzweigung, wo links Treppenstufen auf unseren Abstiegspfad weisen. Über schön angelegte Holzleitern bringt uns der kehrenreiche, meist sonnige Pfad schnell abwärts. Nur wenige steilere Felsstufen und ein paar rutschige Sandpassagen verlangen etwas mehr Aufmerksamkeit. Bei einer Aussichtsbank bieten sich gute Einblicke in den gegenüberliegenden Grünstein-Klettersteig, die Seilbrücke ist schön zu sehen.

Wir treffen ein paar Minuten später auf die **Verzweigung** **06** mit dem Kiesweg, der rechts zur Klingeralm und zur Kühroint führt, passieren dann den Einstieg zum Klettersteig und gelangen zum oberen Ende der Königsseer Bobbahn. Hier halten wir uns zunächst rechts, biegen dann mit dem asphaltierten **Rodelbahnweg** **07** links ab, am Waldrand entlang. Bei der nächsten Verzweigung folgen wir rechts der Markierung Parkplatz Königssee, an einem Gehöft vorbei und scharf links über einen Wiesenpfad hinab zur **Holzbrücke** **02** über die Königsseer Ache. Nun auf dem Hinweg zurück zum **Parkplatz** **01**.

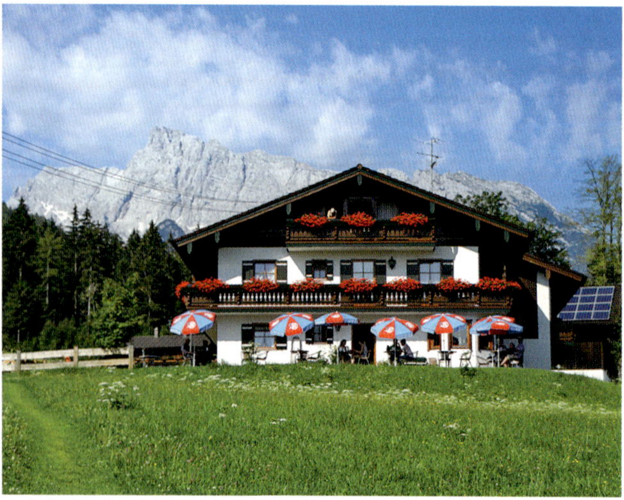

Einkehr in Oberöd.

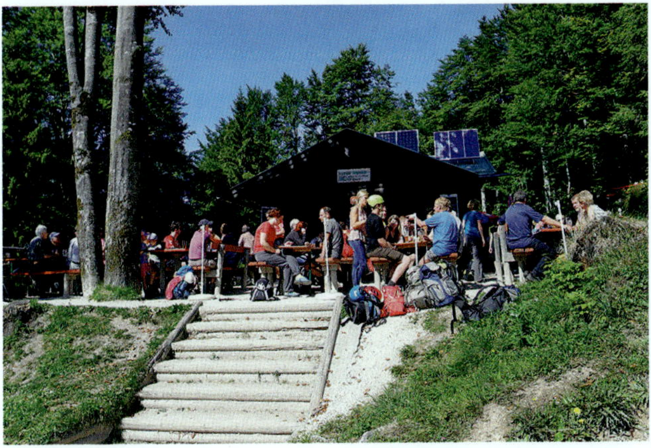

Die Grünsteinhütte ist gut besucht.

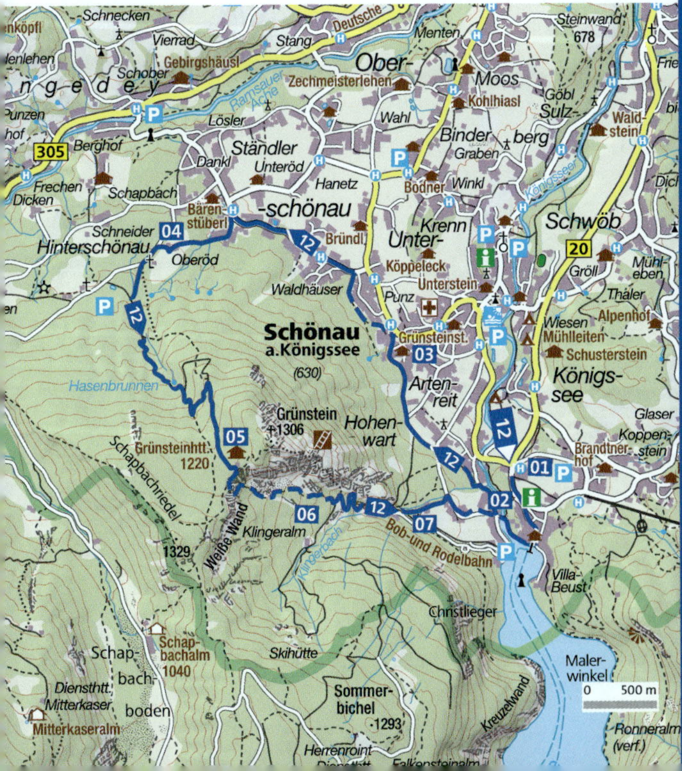

GRÜNSTEIN • 1306 m

Die Nordvariante mit Abstieg über die Schapbachalm

8 km | 3:45 h | 606 hm | 606 hm | 794

START | Schönau-Hinterschönau, großer Parkplatz Hammerstiel (gebührenpflichtig)
[GPS: UTM Zone 33 x: 345.830 m y: 5.274.278 m]
CHARAKTER | Breiter Forstweg zur Grünsteinhütte, den wir über schmale, steilere und teils wurzelige Pfade abkürzen, die in engen Kehren durch den Wald hochführen. Der kurze Abstieg zur Schapbachalm ist recht steil und nur bei trockenem Wetter zu empfehlen, der Weiterweg verläuft wieder auf breiter Forststraße.

Der Nordanstieg von Hammerstiel aus bietet durch die durchgehende Forststraße – im Gegensatz zu dem bei nassen Verhältnissen unangenehmen Waldpfad durch den Klingergraben von Süden – auch bei schlechterem Wetter eine Zugangsmöglichkeit zur Grünsteinhütte. Bei guten Verhältnissen lässt sich der Aufstieg durch die Waldpfad-Variante abkürzen und durch den Abstieg über die Schapbachalm zu einer abwechslungsreichen Rundtour ausbauen.

Wir starten vom **Parkplatz Hammerstiel** 01 und folgen der Markierung links hoch in den Wald (Wegnr. 445). Die Tour ist auf einer Infotafel auch als Herz-Kreislauf-Testwanderung ausgeschildert, die uns in 100-Hm-Abständen

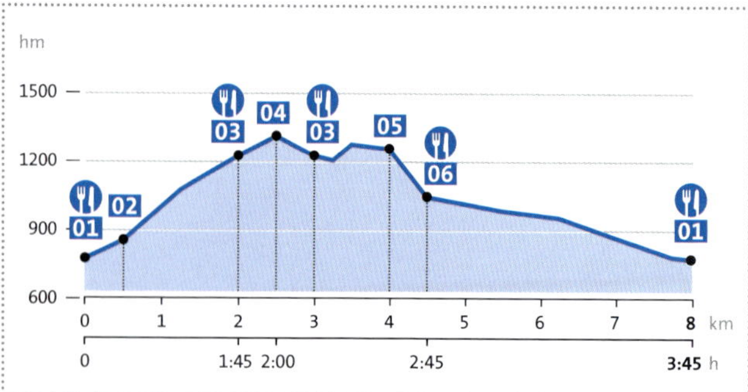

01 Parkplatz Hammerstiel, 770 m; 02 Abzw. Waldsteig, 850 m;
03 Grünsteinhütte, 1220 m; 04 Grünstein, 1306 m;
05 Abzw. Schapbachalm, 1250 m; 06 Schapbachalm, 1040 m

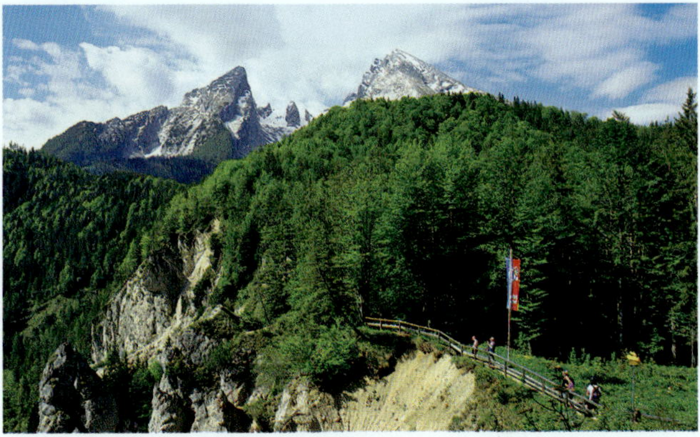

Blick vom Grünstein Richtung Watzmann.

über Länge, Höhenunterschied, Steigungen usw. unterrichtet. Der unbefestigte, breite Weg führt anfangs eben, dann gleichmäßig leicht steigend in den Wald hinein. Kurz nach einem Marterl erreichen wir eine Verzweigung, wir verlassen den Fahrweg, der rechts weiter führt und nehmen links die Markierung „**Waldsteig**“ 02. Es geht nun kehrenreich und steiler auf einem schmalen Pfad, teilweise über Holzstufen im schattigen Wald hoch. Wir überqueren die kreuzende Forststraße und bleiben auf dem schmalen wurzeligen Steig. Hier passieren wir auch die 1. Position der Teststrecke (870 m). Wenige Meter nach der 3. Position (1070 m) treffen wir wieder auf die Forst-

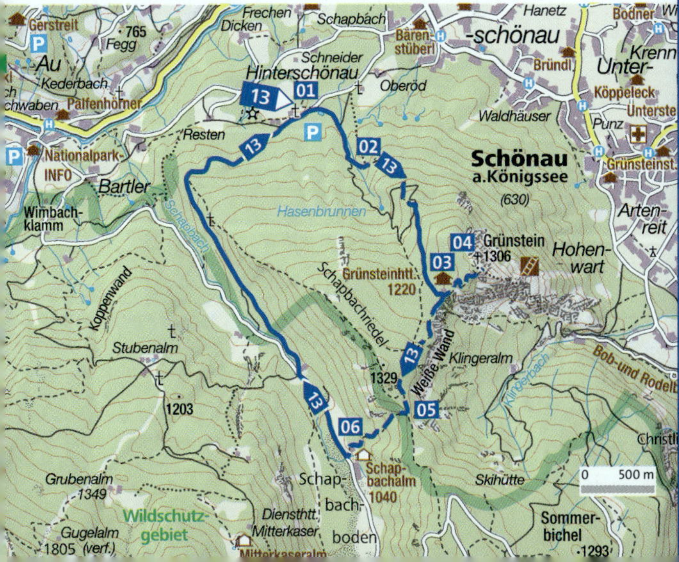

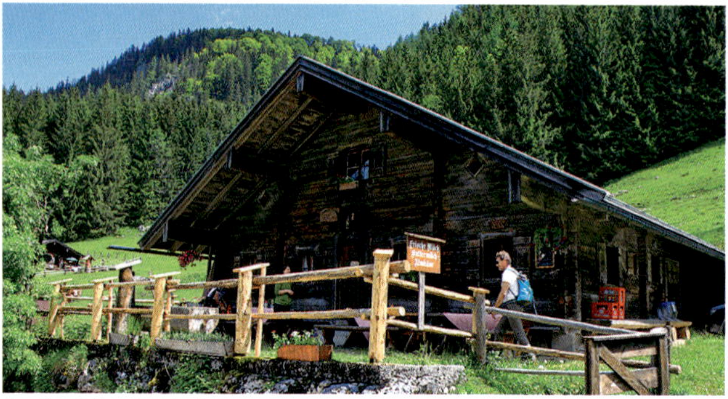

An der Schapbachalm.

straße, der wir nun rechts hoch folgen. Wir verlassen den Wald und treten unmittelbar vor der bereits sichtbaren **Grünsteinhütte** 03 ins Freie. Vorne an der Hangkante bietet sich ein fantastischer Blick hinüber zum Jenner und hinab zum Nordende des Königssees.

Links vorbei an der Grünsteinhütte steigen wir auf einem wurzeligen, breiten Pfad, zunächst über Holzstufen, weiter hoch durch schattigen Wald. Wir passieren die 5. Position des Testweges (1270 m) und erreichen wenig später das mehrhügelige Gipfelplateau des **Grünstein** 04. Viele Aussichtsbänke an mehreren Aussichtspunkten bieten fantastische Rundumblicke.

Beim Abstieg gehen wir bei der Grünsteinhütte am geländergesicherten Abhang entlang und steigen auf schmalem Pfad, teils wieder über Stufen, in Richtung Kühroint in den Wald leicht abwärts. Wir passieren die Abzweigung links hinab zum Königssee und bleiben auf dem nun leicht ansteigenden Weg. Links von einem rechts auftauchenden Forstfahrweg wandern wir fast eben auf dem schmalen Pfad am Hang entlang. Der schattige Weg fällt wieder leicht ab und auf einer Flachpassage müssen wir achtgeben, dass wir die am Baum angebrachte (Holzschild-)Markierung und **Abzweigung** 05 „Schapbachalm 10 min" rechts nicht übersehen. Der steile, schmale Pfad führt in teils engen Kehren rechts ab den Wald hinab. Bei Nässe unangenehm, da rutschig. Bald verlassen wir den Wald und wandern über die abfallenden Wiesen hinab zu den bereits sichtbaren Gebäuden der **Schapbachalm** 06.

Auf breiter gekiester Forststraße, die links zur Kührointalm und rechts Richtung Hammerstiel zurückführt, geht es nun leicht abwärts. Vorbei an der Abzweigung links zum Watzmannhaus (rechts ein schöner Rastplatz, große Infotafel zum NP Berchtesgaden) marschieren wir weiter, bis sich links der Blick ins Ramsautal, zum Hochkalter und zur Reiteralpe öffnet. Beim Verlassen des Waldes stoßen wir auf Asphalt, passieren das links ein paar Meter abseits liegende Café Hammerstiel und haben nach wenigen Schritten unseren Ausgangspunkt, den **Parkplatz Hammerstiel** 01, erreicht.

KÜHROINTHÜTTE • 1420 m

Hüttentour zur höchstgelegenen Infostelle im Nationalpark Berchtesgaden

13 km | 4:30 h | 866 hm | 872 hm | 794

START | Königssee, großer gebührenpflichtiger Parkplatz, 610 m [GPS: UTM Zone 33 x: 348.690 m y: 5.272.900 m]
CHARAKTER | Langer Anstiegs- und Abstiegsweg mit steilerer Steig-Passage beim Anstieg zur Grünsteinhütte und beim Abstieg auf dem Kiesweg vor der Klingeralm, gute Waldpfade beim Übergang von der Grünstein- zur Kührointhütte.

Die im Sommer durchgehend bewirtschaftete Kührointhütte ist ein sehr beliebter Treff- und Stützpunkt für Wanderer und Mountainbiker. An schönen Sommertagen sollten Übernachtungen vorab geplant sein.

▶ Vom **Parkplatz Königssee** 01 gehen wir zum Königssee-Hafen, dort nach rechts am Ufer entlang, über die **Holzbrücke** 02 und folgen dem Schild „Grünstein" geradeaus über die Wiesen. Vorbei an einem Gehöft, halten wir uns links am Waldrand entlang. Wir passieren den **Abzweig Rodelbahnweg** 03 und erreichen wenig später das obere Ende der **Bobbahn** und die Verzweigung mit dem breiten Kiesweg. Nach ein paar großen Kehren stoßen wir auf die Abzweigung zum Klettersteig und kurz darauf auf den **Abzweig** 04 nach rechts.

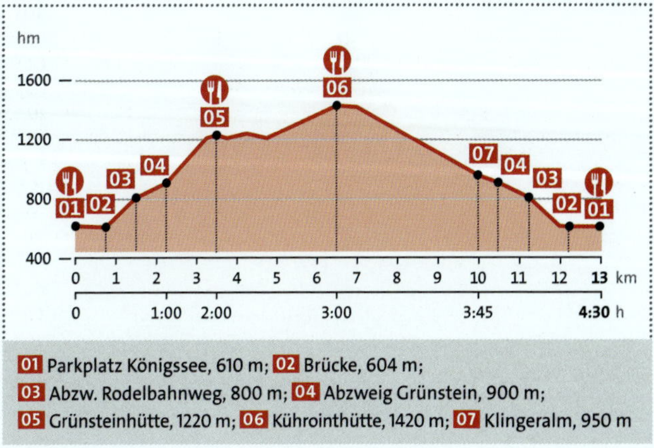

01 Parkplatz Königssee, 610 m; 02 Brücke, 604 m;
03 Abzw. Rodelbahnweg, 800 m; 04 Abzweig Grünstein, 900 m;
05 Grünsteinhütte, 1220 m; 06 Kührointhütte, 1420 m; 07 Klingeralm, 950 m

Der schmale, serpentinenreiche Pfad steigt ziemlich steil und schweißtreibend durch den Wald an, hält aber eindrucksvolle Ausblicke in die schroffen Felsen des Klinggrabens parat. Nach etlichen Stufen und engen Kehren stoßen wir nach einer Dreiviertelstunde auf den von links kommenden **Wanderweg** von der Kührointhütte. Ein Abstecher nach rechts zur aussichtsreichen und bewirtschafteten **Grünsteinhütte** 05 ist in wenigen Minuten zu machen.

Unser Weiterweg verläuft nach links zunächst leicht ansteigend, dann wieder leicht fallend als Höhenweg durch den Wald. Der oft wurzelige Pfad steigt allmählich wieder an und trifft dann auf einen breiten Fahrweg, dem wir links, weiter ansteigend folgen. Der Höhenweg zur Kühroint verläuft sehr schattig auf einem teils wurzeligen Waldpfad, bis er auf einen breiten Fahrweg trifft, dem wir links leicht ansteigend folgen. Nach gut einer Stunde ab der Grünsteinhütte erreichen wir das Hochalmgebiet mit der **Kührointhütte** 06.

Für den Rückweg nehmen wir die Alternative 443, die kurz hinter der Kühroint über den Fahrweg direkt in den Wald führt. Anfangs recht schöner und aussichtsreicher, leicht abfallender Waldpfad. Nach 20 Minuten überquert man einen Fahrweg und folgt weiter der Königssee-Beschilderung durch jetzt dichteren Wald. Nach weiteren 10 Minuten trifft man wieder auf einen breiteren Weg, der als sehr steiler Kiesweg in großen Serpentinen abwärts führt. Hier sind Stöcke sehr hilfreich!

Nach etwa einer Dreiviertelstunde kann man geradeaus den Grünstein erkennen, man überquert einen Bach und folgt vor der **Klingeralm** 07 dem Weg nach rechts weiter bergab. Kurz darauf passiert man den **Abzweig zum**

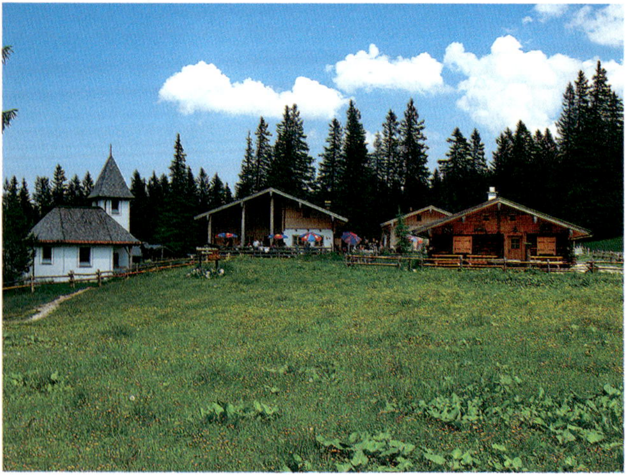

Die beliebte Kührointhütte.

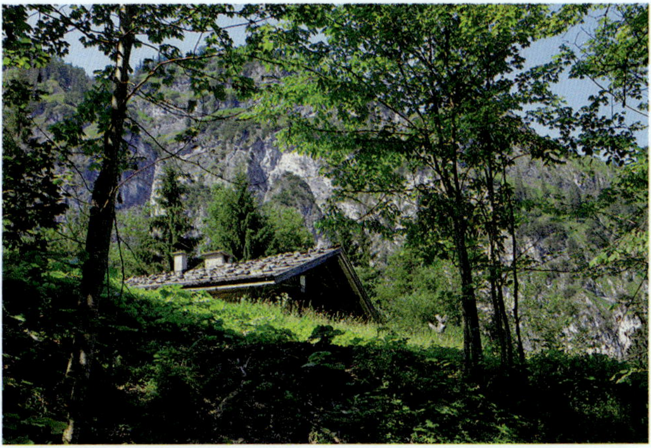

Unterhalb der Klingeralm.

Grünstein 04 und wenig später erreicht man wieder die Bobbahn. Wir verlassen den breiten Weg und steigen die wenigen Meter zum Starthaus ab und folgen dem asphaltierten Sträßchen entlang der Bahn bis zum Königssee hinunter. Unten kurz links und über die **Holzbrücke** 02 zurück zum Parkplatz **Königssee** 01.

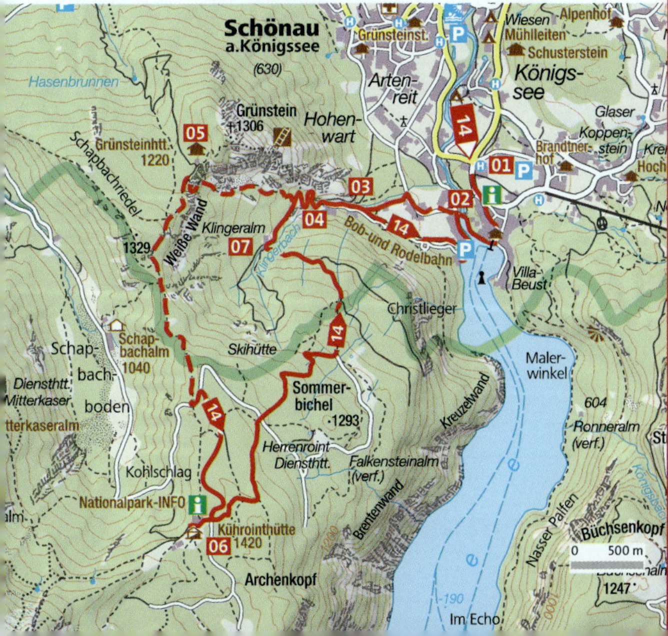

15

GOTZENTALALM • 1110 m
KÖNIGSBACHALM • 1240 m

Über den Reitsteig zu aussichtsreichen Almen

9 km | 3:30 h | 756 hm | 175 hm | 794

START | Königssee, Bedarfshaltestelle Kessel, 604 m
[GPS: UTM Zone 33 x: 348.610 m y: 5.269.370 m]
CHARAKTER | Einige steile Kehren im Mittelteil des Reitsteigs; der Querweg Gotzentalalm–Königsbachalm ist ein einfacher, meist schattiger Waldpfad.

Nicht vergessen, dem Kapitän des Königssee-Schiffes Bescheid zu sagen, dass er Sie an der Bedarfshaltestelle Kessel absetzt.

▶ Der Reitsteig führt uns an der Haltestelle **Kessel** 01 hinter der Hütte auf steinigem Pfad in den Wald hinein und in Kehren berghoch. Zuerst geht es in südlicher Richtung eher gemütlich querend am Waldhang entlang, bis nach der langen Rechtstraverse und nach den ersten scharfen Serpentinen eine steilere und kehrenreiche Passage beginnt. Der schmale Pfad bringt uns über teils etwas baufällige Holzstufen und -treppen schnell den schattigen Wald hoch. Wie bei allen Steigen, die durch steilen Wald führen, sind trockene Verhältnisse Voraussetzung für eine angenehme Tour!

Der Wald wird lichter und nach etwa anderthalb Stunden verlassen wir ihn und erreichen die **Gotzentalalm** 02 und den Kies-

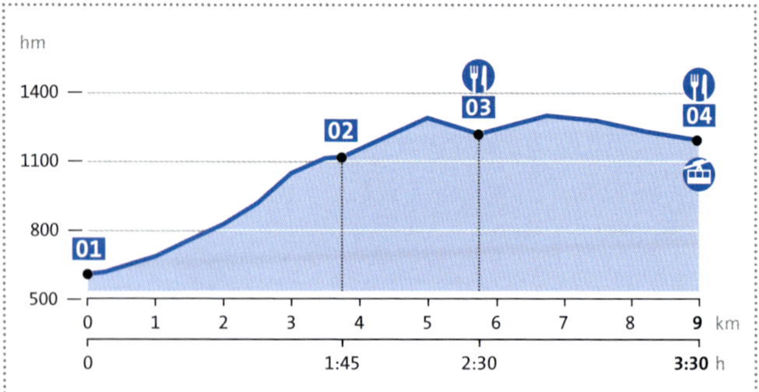

01 Kessel, 604 m; 02 Gotzentalalm, 1110 m;
03 Königsbachalm, 1240 m; 04 Jenner Mittelstation, 1185 m

fahrweg, der von Hinterbrand zur Gotzenalm führt – ein Eldorado für Mountainbiker. Wir halten uns links, nehmen aber dann den rechten, oberen Pfad, der uns zunächst ansteigend in den Wald hoch führt. Auf diesem angenehm schattigen Waldpfad, der erst zum Schluss wieder über freies und sonniges Almgelände führt, gelangen wir ohne großen Höhenunterschied in einer knappen Stunde zur bewirtschafteten **Königsbachalm** 03.

Natürlich können wir auf dem Anstiegsweg wieder zurück zur Bedarfshaltestelle Kessel abstei-

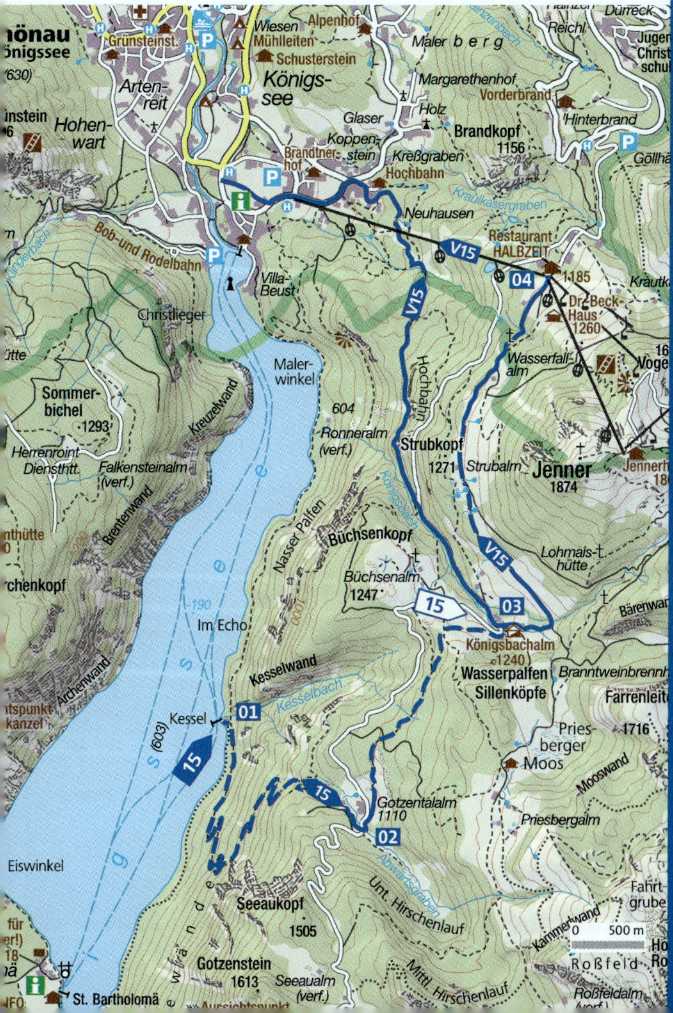

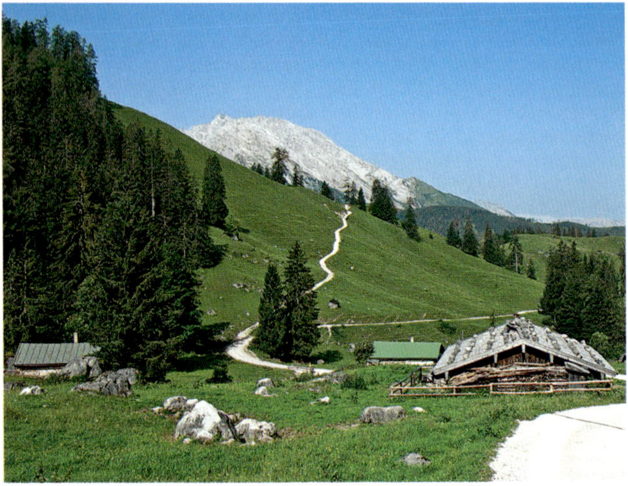

Gut einzusehen, der Weg von der Königsbachalm Richtung Gotzentalalm.

gen und mit dem Schiff nach Königssee zurückkehren (Haltesignal benützen!). Allerdings gibt es zwei Alternativen für einen Rückweg: Die kürzere und angenehmere Variante führt über den Wanderweg 497 direkt zur **Jenner Mittelstation** 04 (1 Std.). Die längere Variante bringt uns auf dem Fahrweg zur Abzweigung des Hochbahnweges (493) und über diesen zur Talstation und nach **Königssee** (1,5 Std.)

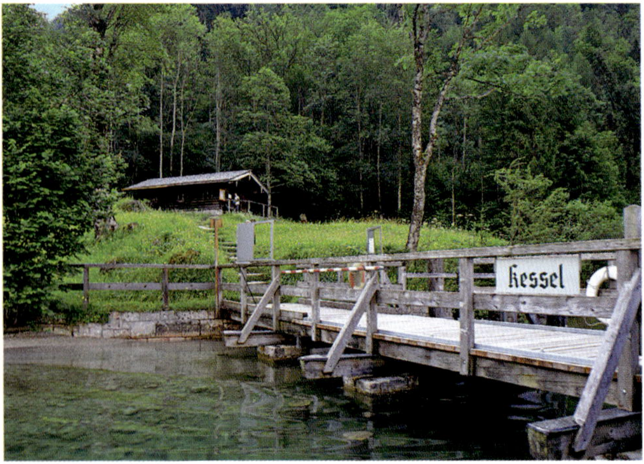

Haltestelle Kessel.

GOTZENALM • 1685 m

Zum vielbesuchten Aussichtsbalkon über dem Königssee

8,75 km 4:00 h 1188 hm 107 hm 794

START | Königssee, Bedarfshaltestelle Kessel, 604 m
[GPS: UTM Zone 33 x: 348.610 m y: 5.269.370 m]
CHARAKTER | Der Reitsteig verläuft im Wald mit einigen steilen Kehren; ab der Gotzentalalm breiter Forstweg mit weiten, teils steileren Serpentinen.

Die Gotzenalm ist ein sehr guter Ausgangspunkt für die unterschiedlichsten Wander- und Bergtouren und deshalb auch ein beliebter Übernachtungsstützpunkt. Rechtzeitige Anmeldung ist in den Sommermonaten anzuraten.

▶ Die schnellste und kürzeste Verbindung zur einladenden und aussichtsreichen Gotzenalm ist der Weg von der Bedarfshaltestelle **Kessel** 01 über den Reitsteig. Bis zur **Gotzentalalm** 02 siehe Beschreibung bei Tour 15.

Ab der Gotzentalalm folgen wir dem breiten, kehrenreichen und teilweise recht steilen Fahrweg. Nach einem flachen Zwischenstück geht es die letzten Kehren dann nochmals steil bergan.

Direkt am Rand des Hochplateaus zweigt dann nach rechts ein schmaler **Pfad** 03 ab, der uns in wenigen Minuten über die Wiesen zum ausgeschilderten Aussichtspunkt „**Feuerpalfen**“ 04 bringt.

Zuerst steigen wir leicht an zum Warteckkamm und dann wieder

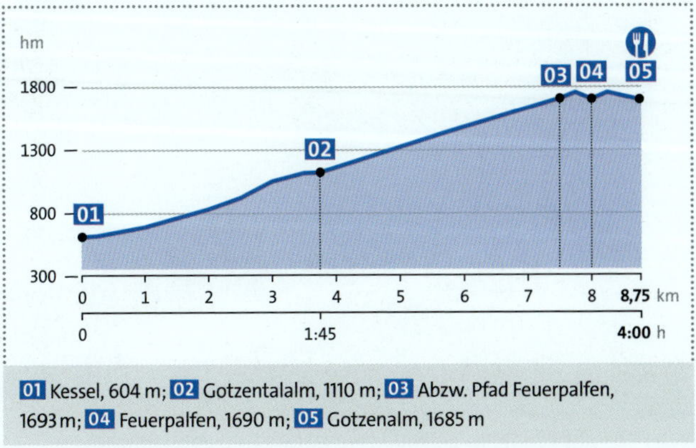

01 Kessel, 604 m; 02 Gotzentalalm, 1110 m; 03 Abzw. Pfad Feuerpalfen, 1693 m; 04 Feuerpalfen, 1690 m; 05 Gotzenalm, 1685 m

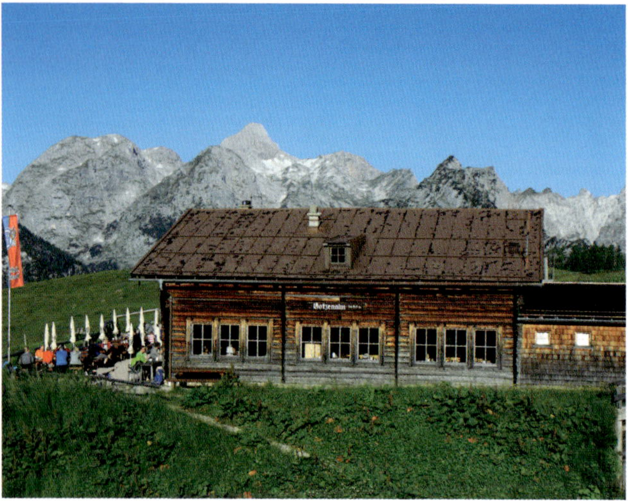

Ein perfekter Aussichtsbalkon: die Gotzenalm.

etwas abwärts bis zu den schroff abbrechenden Felsen vor. Von der mit einem Geländer gesicherten Aussichtsplattform genießt man herrliche Tiefblicke hinunter zum Königssee.

Kurz zurück auf den Anstiegsweg und nach rechts hinüber zur bereits sichtbaren und in der Regel von Wanderern und Radfahrern vielbesuchten **Gotzenalm** **05**. Auch von hier bieten sich herr-

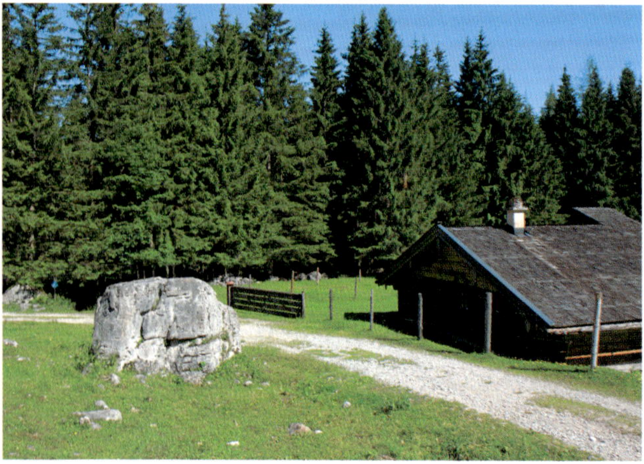

Am Ende des Reitsteigs gelangen wir zu den Gotzentalalmen.

liche Rundumblicke vom Hohen Göll bis ins Steinere Meer und hinüber nach Westen zu Watzmann und Hochkalter. Gut zu sehen ist vor allem auch das Watzmannhaus.

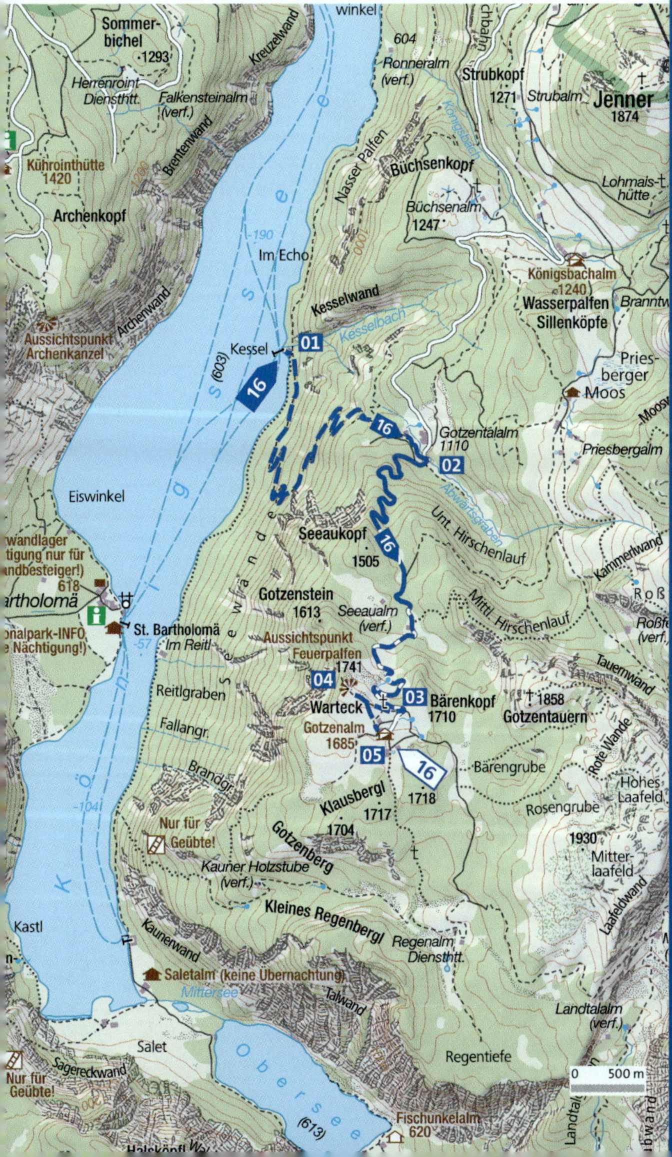

17

GOTZENTALALM – PRIESBERGALM – KÖNIGSBACHALM

Fantastische Almrundtour mit interessanter Waldsteigpassage

16,25 km | 6:30 h | 1001 hm | 1001 hm | 794

START | Königssee, Bedarfshaltestelle Kessel, 604 m
[GPS: UTM Zone 33 x: 348.610 m y: 5.269.370 m]
CHARAKTER | Schöne Wander- und Wiesenwege, der Reitsteig ist ein kehrenreicher Waldpfad, der Hirschenlauf wartet zusätzlich mit steileren Stellen auf, die mit Drahtseilen, Stufen und Treppen entschärft sind.

Im Gegensatz zu den vielbesuchten Rad- und Wanderstützpunkten Gotzenalm und Königsbachalm ist das Gebiet der Priesbergalm ein wunderbar ruhiges Naturidyll.

▶ Von der Bedarfshaltestelle **Kessel** 01 über den Reitsteig zur **Gotzentalalm** 02 (siehe Tourbeschreibung 15). Bei der Wegverzweigung folgen wir der Beschilderung Richtung Gotzenalm. Auf dem breiten Kiesfahrweg, der uns in recht steilen Kehren durch schattigen Wald nach oben bringt, oft vom Keuchen der schwer arbeitenden Mountainbiker begleitet, erreichen wir freies Gelände. Der Weg wird flacher und wir stoßen auf die **Abzweigung** 03, die links zur Königsbachalm über Hirschenlauf weist. Der zunächst

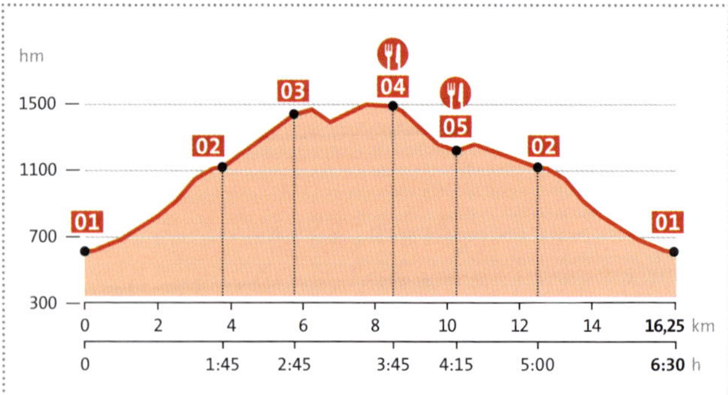

01 Kessel, 604 m; 02 Gotzentalalm, 1110 m; 03 Abzw. Hirschenlauf, 1430 m; 04 Priesbergalm, 1480 m; 05 Königsbachalm, 1240 m

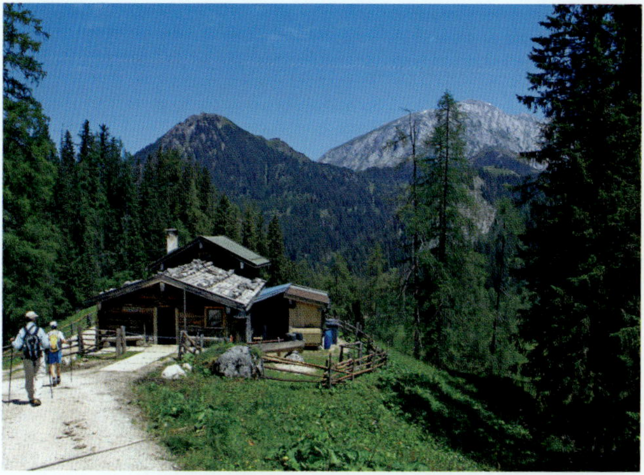

Die Priesbergalm.

ebenfalls breite Weg steigt leicht an und führt in lichten Wald hinein. Auf einer Lichtung biegen wir auf einen markierten schmalen und anfangs recht felsigen Waldsteig links ab. In einer großen Rechtskehre traversieren wir dann fast eben um den Waldhang herum, mit schönem Ausblick hinüber zum Jenner. Nach einer Holzbrücke, die uns am Fels entlang führt, geht es in engen Kehren steiler bergab. Es folgen Holzstufen, weitere Holzbrücken und -treppen und mehrere drahtseilversicherte Passagen, teils mit Eisentritten versehen. Insgesamt ist der Weg aber bei guten Verhältnissen problemlos zu begehen. Wir machen einen großen Linksbogen und hin und wieder steigt der oft recht zugewachsene Pfad auch etwas an. Sehr blumen- und pflanzenreiches Terrain.

Wir steigen bei einer kurzen Drahtseilstelle mit Eisentritten ein paar Meter steiler hoch und stoßen kurze Zeit später auf einen Pfad, der von rechts oben herabkommt (vom Seeleinsee).

Wir folgen geradeaus dem Schild „Priesbergalm“, überqueren nach rund 50 m in einer scharfen Linkskurve einen Bach und treten auf der anderen Seite auf einer kleinen Kuppe ins Freie. Ein herrlicher Wiesenhang, mit den **Priesbergalmen** 04 (mit frischer MIlch und Speckbrot im Angebot), liegt vor uns. Hier beginnt ein breiter, gekiester Fahrweg, der leicht abwärts führt zu einem weiteren Almgebäude. Man kann nun weiter dem

Variante

Von der Königsbachalm ist über den Panoramaweg in einer Stunde die Jenner Mittelstation zu erreichen und über den Hochbahnweg kann man in anderthalb Stunden zur Talstation und nach Königssee absteigen.

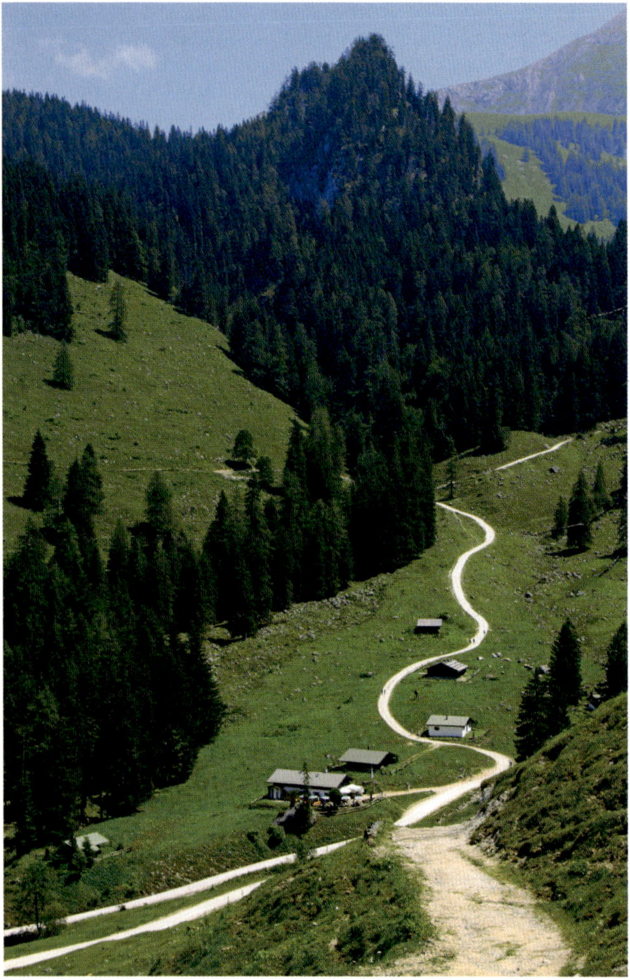

Blick hinab zur Königsbachalm und auf den Weg zur Königsbergalm.

breiten Fahrweg folgen oder man biegt kurz unterhalb dieser Hütte links auf einen unmarkierten schmalen Pfad in den Wald hinein ab. Der anfangs relativ flache Pfad wir dann steiniger, fällt stärker ab und folgt ein Stück weit einem mehr oder weniger trockenen Bachbett. Haben wir den Waldrand erreicht, übersteigen wir den Weidezaun und halten uns über die Weidewiesen direkt bergab zum sichtbaren Kiesweg, der uns rechts nach wenigen Schritten den Blick zur unten liegenden **Königsbachalm** 05 eröffnet.

Wer sich den Abstecher gönnt, muss einige Höhenmeter in Kauf nehmen, ansonsten halten wir uns links und marschieren auf dem breiten Weg ohne großen Höhenunterschied zurück zur **Gotzentalalm** 02. Über den Reitsteig kehren wir zurück zur Haltestelle **Kessel** 01 und lassen uns vom Schiff bequem nach Königssee zurückbringen.

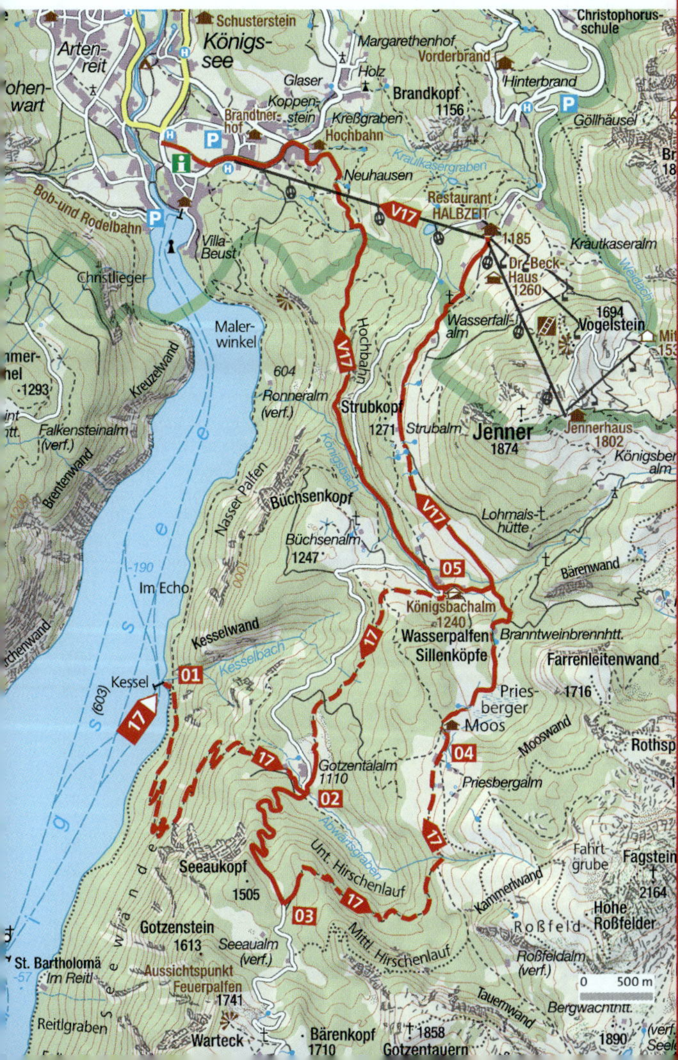

SEELEINSEE • 1820 m

Rundtour über Reitweg und Hirschenlauf

13 km | 4:45 h | 767 hm ↗ | 767 hm ↘ | 794

START | Gotzenalm, 1685 m
[GPS: UTM Zone 33 x: 349.220 m y: 5.266.810 m]
CHARAKTER | Breite Forstwege und schmale, teils kehrenreiche Wald- und Wiesenpfade, der Hirschenlauf ist im Grunde problemlos zu begehen, da er an den entscheidenden Stellen mit Holzstufen und Eisentritten entschärft und mit Drahtseilsicherungen versehen ist.

Der Seeleinsee ist ein kleiner Gebirgssee, der Trinkwasserqualität besitzt, aber oft bis weit ins Frühjahr hinein mit Eis bedeckt ist. Da er an der Wander- und Skiroute der Kleinen und Großen Reibn liegt, ist er ein willkommener und wunderbarer Rastpunkt.

▶ Von der **Gotzenalm** 01 folgen wir dem aussichtsreichen Reitweg in südlicher Richtung. Der breite, teils steinige Weg führt in leichtem Auf und Ab über freie Almflächen und schattige Waldstücke zur **Verzweigung** 02 oberhalb der Regenalm, kurz nachdem wir ein Weidegatter mit Drehkreuz passiert haben. Wir halten uns links in Richtung Wasseralm/Hochgschirr und steigen zum Waldrand hoch. Bei einer freien Lichtung führt der Weg abwärts in eine Senke und wenig später durchqueren

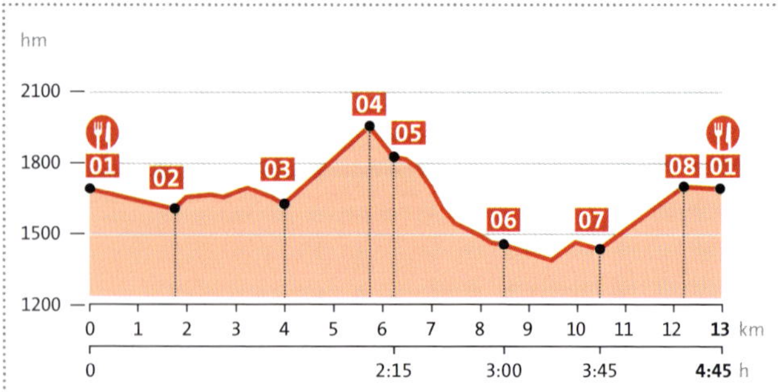

01 Gotzenalm, 1685 m; 02 Verzw. Regenalm, 1600 m;
03 Verzw. Landtalgraben, 1665 m; 04 Hochgschirrsattel, 1949 m;
05 Seeleinsee, 1820 m; 06 Abzw. Unt. Hirschenlauf, 1450 m;
07 Verzw. Gotzenalmweg, 1430 m; 08 Abzw. Feuerpalfen, 1693 m

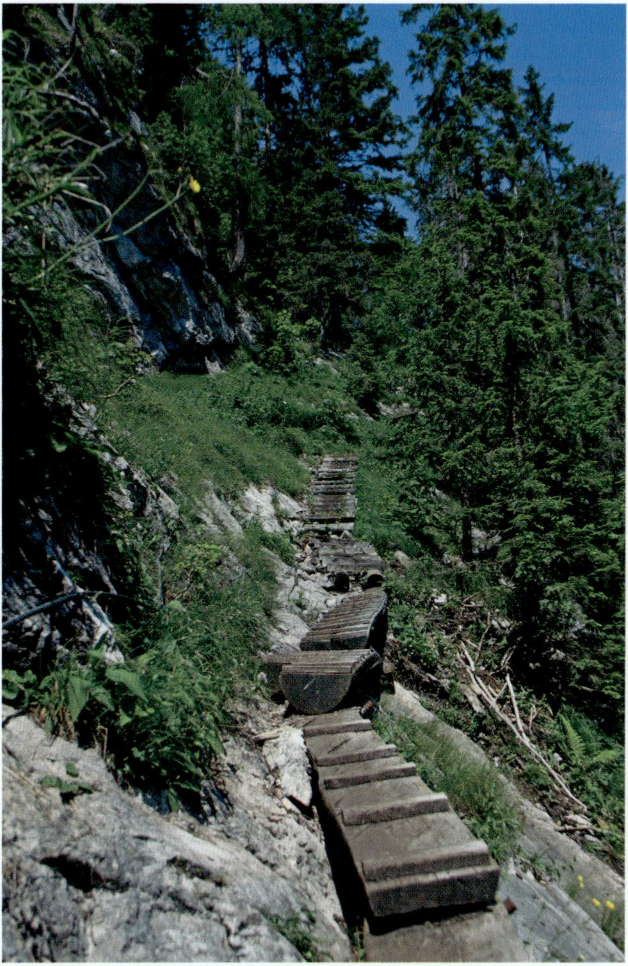

Holzstufen am Unteren Hirschenlauf.

wir erneut eine Lichtung, wo der Weg dann wieder links zum Wald hoch ansteigt. Am Ende des Waldes, nach einer großen Linkskehre, beginnt die Traverse an den Felsen entlang in den Landtalgraben hinab. Nach einer Holzbrücke, deren marode Vorgängerversion noch zu sehen ist, geht es rechtshaltend in steilen, engen und recht schottrigen Kehren zu einer **Verzweigung** 03 im Landtalgraben hinab. Hier folgen wir scharf links der Beschilderung Richtung Hochgschirr. Zunächst hält sich der Pfad auf der rechten Seite, dann

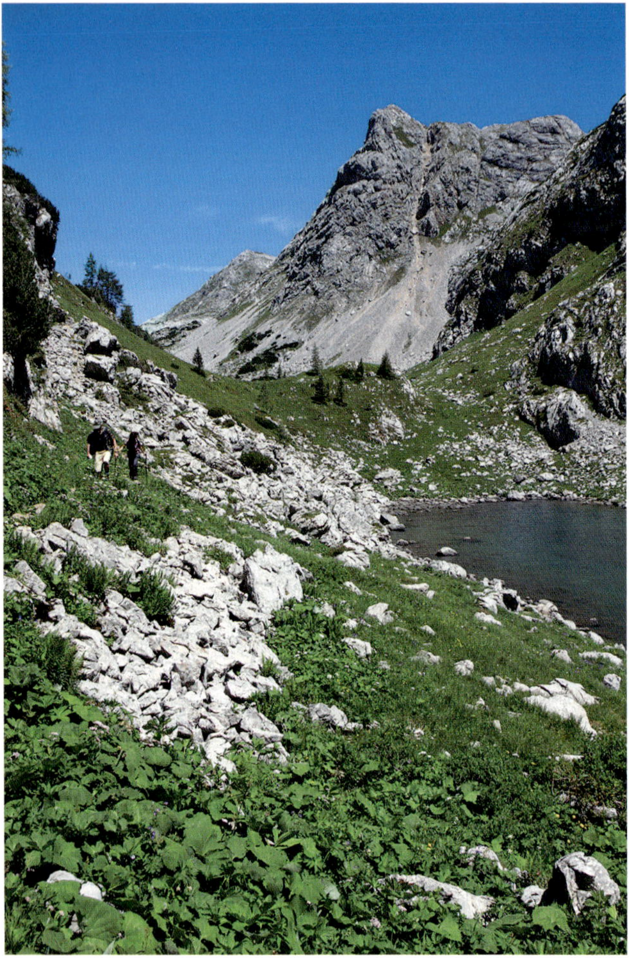

Auf dem Weg vom Seeleinsee zum Hochgschirrsattel.

wechselt er mehr zur linken Seite hinüber und steigt kontinuierlich zum Sattel hoch. Mit etwas Glück lassen sich hier mächtige Steinböcke beobachten.

Am **Hochgschirrsattel** 04 geht es durch riesige Felsblöcke hindurch und am linken Felsrand auf einem steinigen Pfad in Kehren bergab. Vorbei an der Verzweigung, die uns nach links den Rückweg in Richtung Priesbergalm/Königssee weist, haben wir in wenigen Minuten den traumhaft gelegenen **Seeleinsee** 05 erreicht.

Zurück zur Verzweigung, folgen wir nach rechts dem Pfad, der uns durch freies Gelände und Wald hinab zur **Abzweigung** 06 mit dem Unteren Hirschenlauf bringt, ca. 50 Meter vor einer Brücke. Der Hirschenlaufpfad führt zunächst in einem großen Rechtsbogen abwärts, teils mit kurzen, steileren Passagen, die mit Holzstufen, Eisentritten und Drahtseil versehen sind. Anschließend steigen wir in engen Kehren wieder an – ebenfalls durch Holzstufen und Drahtseil unterstützt –, überqueren eine Holzbrücke am abschüssigen Hang entlang und erreichen in einer weiten Linkstraverse fast ebenes Gelände. Bei einer Lichtung trifft unser Pfad auf einen breiten Weg, dem wir durch lichten Wald leicht abwärts folgen. Bei der **Verzweigung** 07 mit dem Fahrweg halten wir uns links und wandern über die ausladenden Serpentinen in Richtung Gotzenalm. Bei der **Abzweigung** 08 zum Feuerpalfen haben wir die Hochfläche erreicht und sind nach wenigen Schritten an unserem Ausgangspunkt, der **Gotzenalm** 01, zurück.

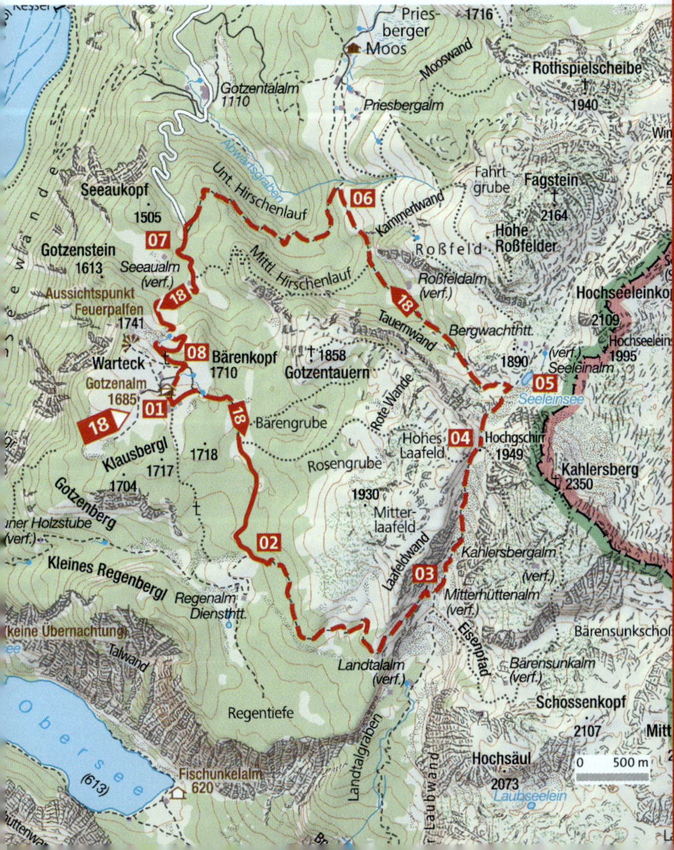

19

KAHLERSBERG • 2350 m

Über den Mauslochsteig auf den Hausberg der Gotzenalm

14 km | 5:30 h | 905 hm | 905 hm | 794

START | Gotzenalm, 1685 m
[GPS: UTM Zone 33 x: 349.220 m y: 5.266.810 m]
CHARAKTER | Der Aufstieg zum Kahlersberg vom Hochgschirr-Sattel aus ist anstrengend, teilweise ausgesetzt und weist mehrere steile, drahtseilversicherte Passagen auf. Rutschiger Kies und Geröll verlangen auch beim Abstieg erhöhte Aufmerksamkeit.

So steinig der Aufstieg zum Gipfel des Kahlerbergs auch ist, die Rundumsicht vom felsenübersäten Gipfelplateau ist beeindruckend. Das Matrashaus am Hochkönig ist ebenso zu sehen wie das Jennerhaus und über der Gotzenalm tief unten, türmt sich im Hintergrund der Watzmann auf.

▶ Von der **Gotzenalm 01** folgen wir dem aussichtsreichen Reitweg in südlicher Richtung. Der breite, teils steinige Weg führt in leichtem Auf und Ab über freie Almflächen und schattige Waldstücke zur **Verzweigung 02** oberhalb der Regenalm, kurz nachdem wir ein Weidegatter mit Drehkreuz passiert haben. Wir halten uns links in Richtung Wasseralm/Hochgschirr und steigen zum Waldrand hoch. Bei einer freien Lichtung führt der Weg abwärts in eine Senke und wenig später durchqueren wir erneut eine Lichtung, wo der Weg dann wieder links zum Wald hoch ansteigt. Am Ende des Wal-

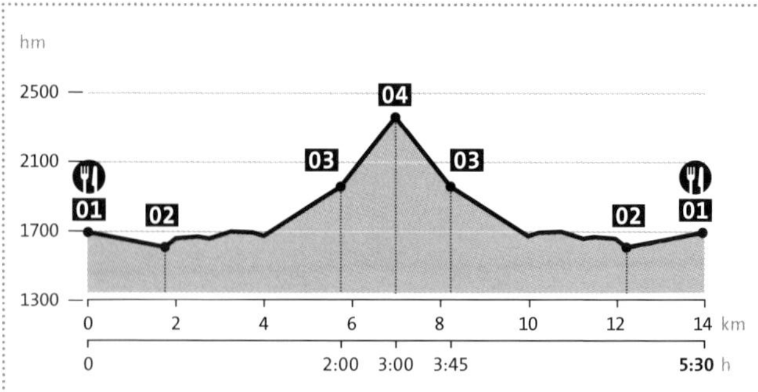

01 Gotzenalm, 1685 m; 02 Verzw. Regenalm, 1600 m;
03 Hochgschirrsattel, 1949 m; 04 Kahlersberg, 2350 m

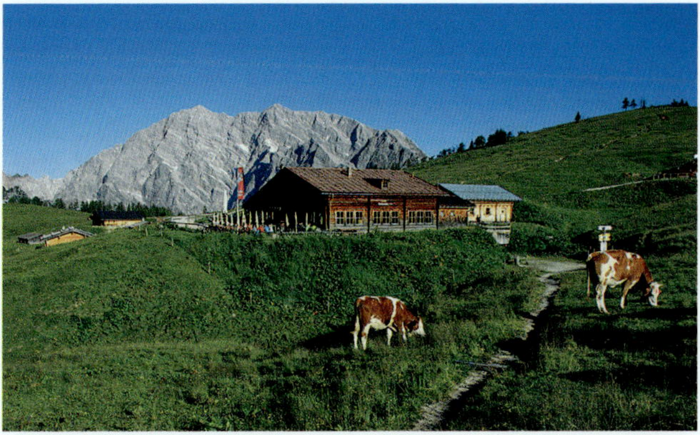

Glückliche Kühe auf der Gotzenalm.

des, nach einer großen Linkskehre, beginnt die Traverse an den Felsen entlang in den Landtalgraben hinab. Nach einer Holzbrücke, deren marode Vorgängerversion noch zu sehen ist, geht es rechtshaltend in steilen, engen und recht schottrigen Kehren zur Wegekreuzung im Landtalgraben hinab. Hier folgen wir scharf links der Beschilderung Richtung Hochgschirr. Zunächst hält sich der Pfad auf der rechten Seite, dann wechselt er mehr zur linken Seite hinüber und steigt kontinuierlich zum Sattel hoch. Mit etwas Glück lassen sich hier mächtige Steinböcke beobachten.

Am **Hochgschirrsattel** 03 ist der Kahlersberg-Anstieg nach rechts beschildert (auch mit blauer Schrift am Felsen angeschrieben). Den Steinmännchen folgend, geht es zunächst durch mächtige Stein-

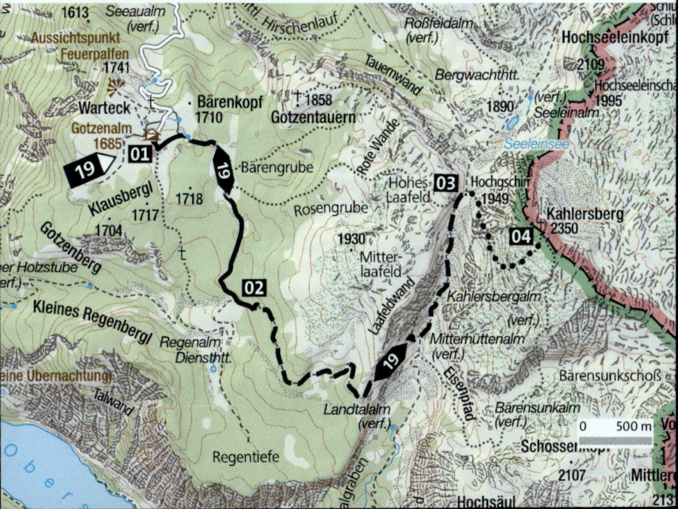

brocken hindurch hoch, dann halten wir uns rechts und queren am abschüssigen Hang entlang. Wir gehen auf eine Kante zu, passieren die erste Drahtseilstelle und steigen über rutschigen Kies sehr steil an den Felsen entlang berghoch. Wieder rechtshaltend zur Kante und dann links mit Drahtseilsicherungen steil hoch. Weiter an den Felsen, rechtshaltend, durch eine Rinne steil nach oben bis zum Grat. Hier folgen wir links dem sichtbaren Pfad am Hang entlang. Der Schlussanstieg verläuft wieder linkshaltend in vielen engen Kehren über den grasigen, felsdurchsetzten Bergrücken hoch zum Gipfelkreuz des **Kahlersberg** **04**. Der Abstieg verläuft über den Anstiegsweg.

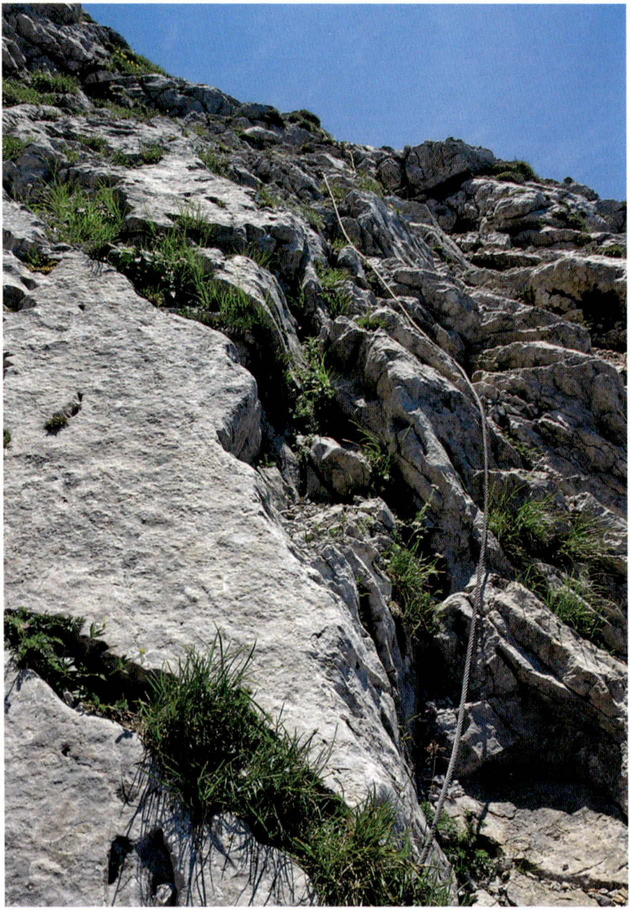

Im teilweise versicherten Mauslochsteig: Anstieg zum Kahlersberg.

WASSERALM • 1416 m

Hüttentour mit Steig und Wasserfall

8,25 km | 4:00 h | 580 hm | 849 hm | 794

START | Gotzenalm, 1685 m
[GPS: UTM Zone 33 x: 349.220 m y: 5.266.810 m]
CHARAKTER | Gute Alm- und Waldpfade, im Landtalgraben mit einigen steileren und felsigeren Stellen; der Ab- und Aufstieg am Röthsteig weist etliche drahtseilgesicherte Passagen auf und an mehreren steilen Abschnitten sind Holzstufen angebracht. Nur bei trockenen Verhältnissen anzuraten.

Die weniger anstrengendere Variante führt vom Landtalgraben über den Weg Nr. 416 über das Wildtörl zur Wasseralm, die schöneren Ausblicke auf den Röthbach-Wasserfall und etwas mehr Kick, verbunden mit etlichen zusätzlichen Höhenmetern, bietet allerdings die sportliche Variante über den Röthsteig.

▶ Von der **Gotzenalm** 01 folgen wir dem aussichtsreichen Reitweg in südlicher Richtung. Der breite, teils steinige Weg führt in leichtem Auf und Ab über freie Almflächen und schattige Waldstücke zur **Verzweigung** 02 oberhalb der Regenalm, kurz nachdem wir ein Weidegatter mit Drehkreuz passiert haben. Wir halten uns links in Richtung Wasseralm/Hochgschirr und steigen zum Waldrand hoch. Bei einer freien Lichtung führt der Weg abwärts in eine Senke

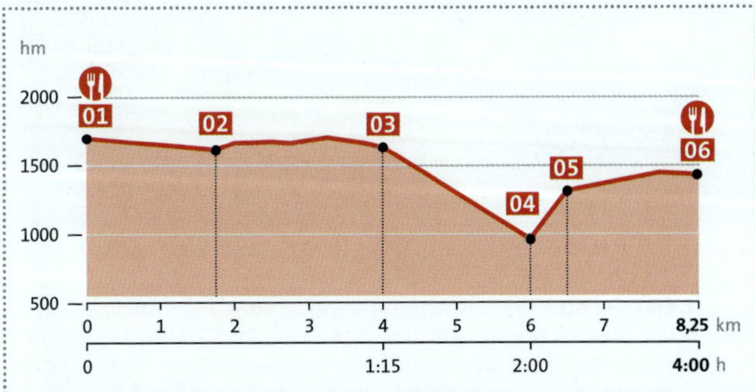

01 Gotzenalm, 1685 m; 02 Verzw. Regenalm, 1600 m; 03 Verzw. Landtal-graben, 1620 m; 04 Verzw. Abstieg Obersee, 950 m; 05 Hochfläche, 1300 m; 06 Wasseralm, 1416 m

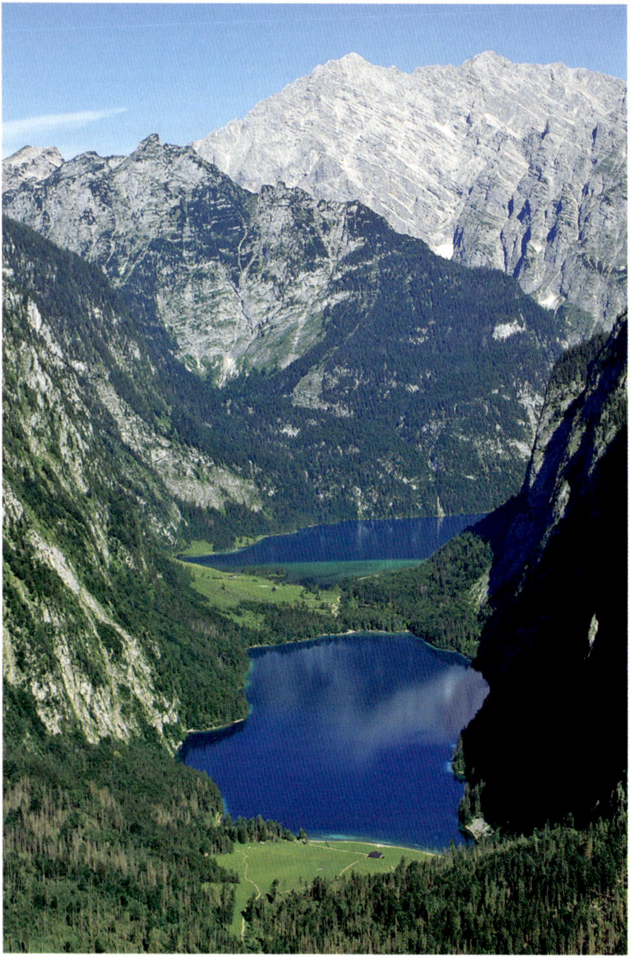

Schöne Tiefblicke zum Ober- und Königssee auf dem Weg zur Wasseralm.

und wenig später durchqueren wir erneut eine Lichtung, wo der Weg dann wieder links zum Wald hoch ansteigt. Am Ende des Waldes, nach einer großen Linkskehre, beginnt die Traverse an den Felsen entlang in den Landtalgraben hinab. Nach einer Holzbrücke, deren marode Vorgängerversion noch zu sehen ist, geht es rechtshaltend in steilen, engen und recht schottrigen Kehren zur **Verzweigung** 03 im Landtalgraben hinab. Hier biegen wir rechts ab und folgen dem abfallenden Pfad in den lichten Wald hinab.

Wir passieren die verfallene Landtalalm und tauchen wieder stärker in den Wald ein. Steilere und kehrenreiche Passagen auf einem felsig-wurzeligen Pfad wechseln mit eher flachen Streckenabschnitten ab, und mehrmals überqueren wir einen Bach. Mitten im Wald treffen wir auf die Verzweigung, die rechts hinab Richtung Obersee/Fischunkelalm und geradeaus Richtung Wasseralm weist. Wir entscheiden uns für die anstrengendere Variante, die uns zunächst abwärts führt und dann bei der nächsten Wegeverzweigung über den Röthsteig wieder ansteigen lässt. Die Abstiegsetappe ist mit etlichen Stufen versehen, an steileren Abschnitten mit Drahtseil versichert und verläuft oft über enge, ausgesetzte Kehren. Der Hang wird in Richtung Röthbach-Wasserfall gequert, bis wir die **Verzweigung** 04 erreichen, die rechts hinab zum Obersee und zur Fischunkelalm ausgeschildert ist. Wir gehen geradeaus weiter und steigen über den wieder felsiger werdenden schmalen Pfad hoch, halten uns

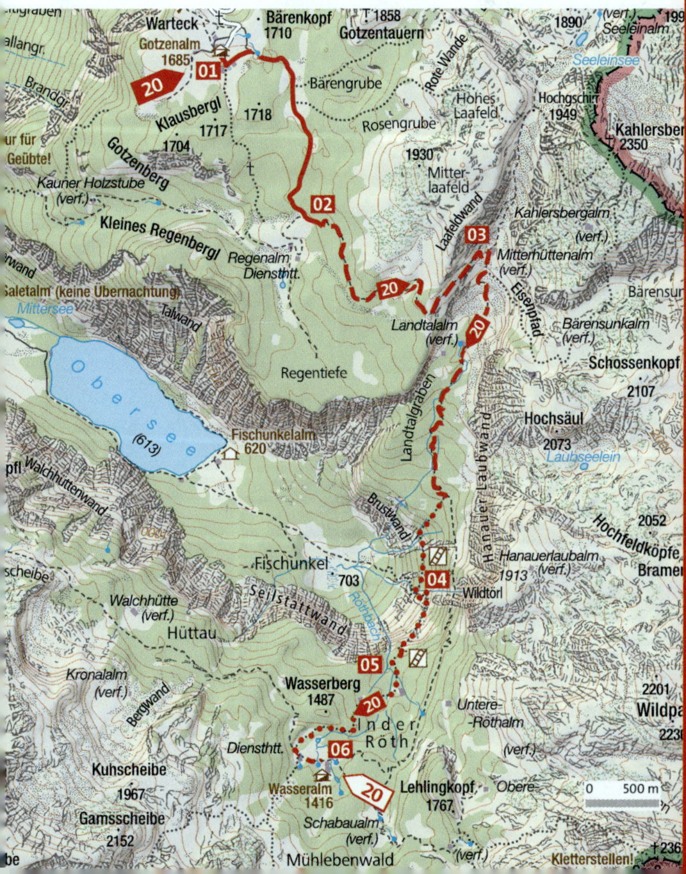

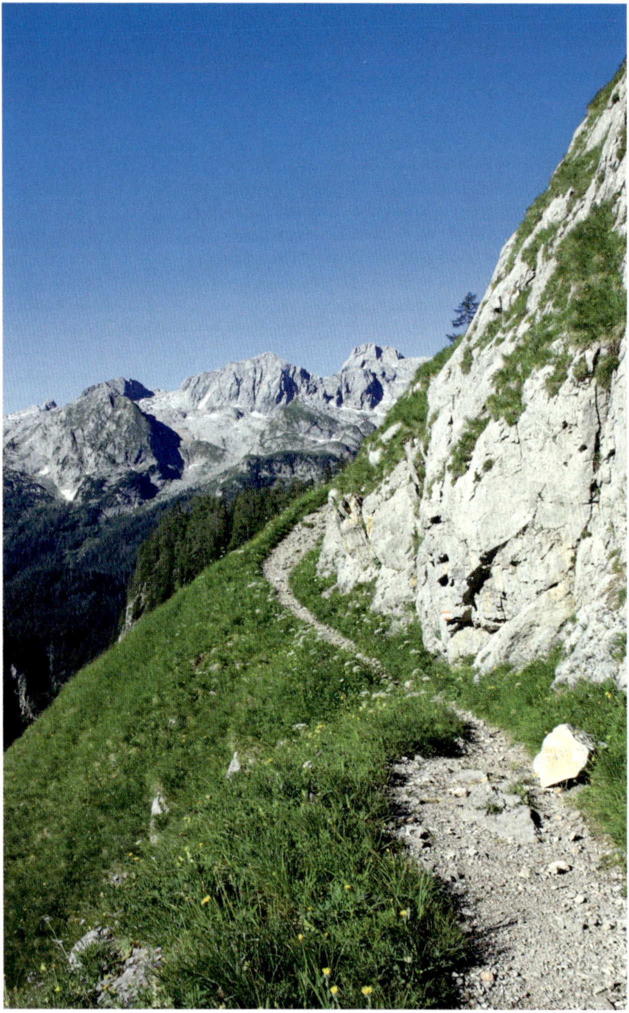

Der Abstiegsweg in den Landtalgraben.

auf eine Felswand zu und schlängeln uns über eine Felsstufe durch eine Rinne nach oben. Weniger steil wandern wir durch üppigen Wald und gelangen auf eine **Hochfläche** **05**. Leicht ansteigend erreichen wir dann die Verzweigung rechts zum Halsköpfl und haben Blickkontakt zur links unten in der Senke liegenden **Wasseralm** **06**, bei der wir nach wenigen Minuten ankommen.

GOTZENALM – OBERSEE – KÖNIGSSEE

Pfiffige Abstiegswanderung über den Röthsteig

10,5 km | 4:00 h | 200 hm | 1281 hm | 794

START | Gotzenalm, 1685 m
[GPS: UTM Zone 33 x: 349.220 m y: 5.266.810 m]
CHARAKTER | Der Abstieg vom Landtalgraben Richtung Röthsteig ist stellenweise feucht und matschig und verlangt in den steileren Passagen besondere Aufmerksamkeit; hier ist der Pfad an vielen Stellen drahtseilgesichert. Der Weg von der Gotzenalm zum Landtalgraben und am Obersee vorbei nach Salet ist aussichtsreiches Genusswandern.

Besonders eindrucksvoll zeigt sich das Röthgebiet nach Regenfällen, wenn mehrere Wasserfälle zu Tale donnern, darunter der Röthbachfall, der in 1250 m Höhe beginnt und als Deutschlands höchster Wasserfall gilt.

▶ Von der **Gotzenalm** 01 folgen wir dem aussichtsreichen Reitweg in südlicher Richtung. Der breite, teils steinige Weg führt in leichtem Auf und Ab über freie Almflächen und schattige Waldstücke zur **Verzweigung** 02 oberhalb der Regenalm, kurz nachdem wir ein Weidegatter mit Drehkreuz passiert haben. Wir halten uns links in Richtung Wasseralm/Hochgschirr und steigen zum Waldrand hoch. Bei

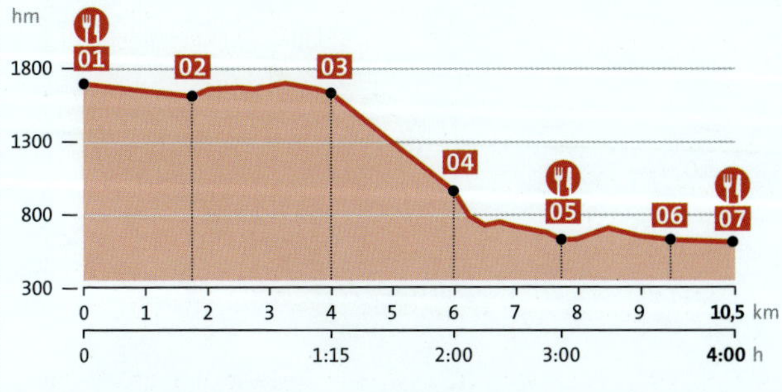

01 Gotzenalm, 1685 m; 02 Verzw. Regenalm, 1600 m;
03 Verzw. Landtalgraben, 1620 m; 04 Verzw. Abstieg Obersee, 950 m;
05 Fischunkelalm, 620 m; 06 Obersee/Bootshaus, 620 m; 07 Salet, 604 m

einer freien Lichtung führt der Weg abwärts in eine Senke und wenig später durchqueren wir erneut eine Lichtung, wo der Weg dann wieder links zum Wald hoch ansteigt. Am Ende des Waldes, nach einer großen Linkskehre, beginnt die Traverse an den Felsen entlang in den Landtalgraben hinab. Nach einer Holzbrücke, deren marode Vorgängerversion noch zu sehen ist, geht es rechtshaltend in steilen, engen und recht schottrigen Kehren zur **Verzweigung** 03 im Land-

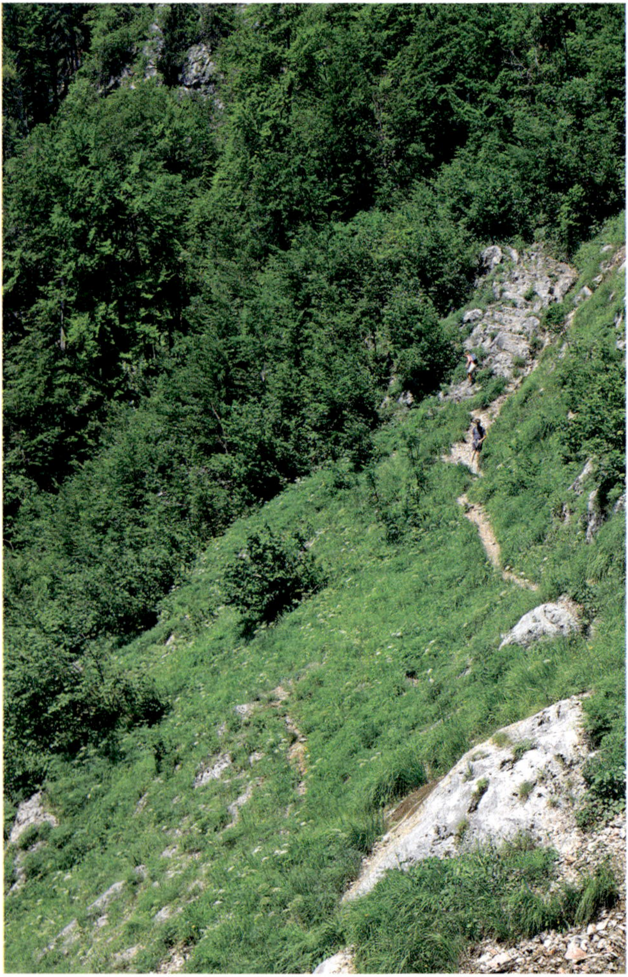

Abstieg über den Landtalgraben zur Fischunkelalm.

talgraben hinab. Hier biegen wir rechts ab und folgen dem abfallenden Pfad in den lichten Wald hinab. Wir passieren die verfallene Landtalalm und tauchen wieder stärker in den Wald ein. Steilere und kehrenreiche Passagen auf einem felsig-wurzeligen Pfad wechseln mit eher flachen Streckenabschnitten ab und mehrmals überqueren wir einen Bach. Mitten im Wald treffen wir auf die Verzweigung, die rechts hinab Richtung Obersee/Fischunkelalm und geradeaus Richtung Wasseralm weist. Wir entscheiden uns für die anstrengendere, rechte Variante, die uns wieder abwärts führt und zunehmend steiler und felsiger wird. Der Abstiegsweg ist mit etlichen Stufen versehen, an steileren Abschnitten mit Drahtseil versichert und verläuft oft über enge, ausgesetzte Kehren. Der Hang wird in Richtung Röthbach-Wasserfall gequert, bis wir die **Verzweigung** 04 erreichen, die rechts hinab zur Fischunkelalm führt.

Es folgt eine kurze Drahtseilpassage, dann leitet uns der Pfad in Kehren bergab und bringt uns unten ans Waldende. Hier treffen wir auf eine Beschilderung Richtung Saletalm, der wir geradeaus weiter in die Talebene hinein folgen. Über Almwiesen wandern wir fast eben dahin, haben bald

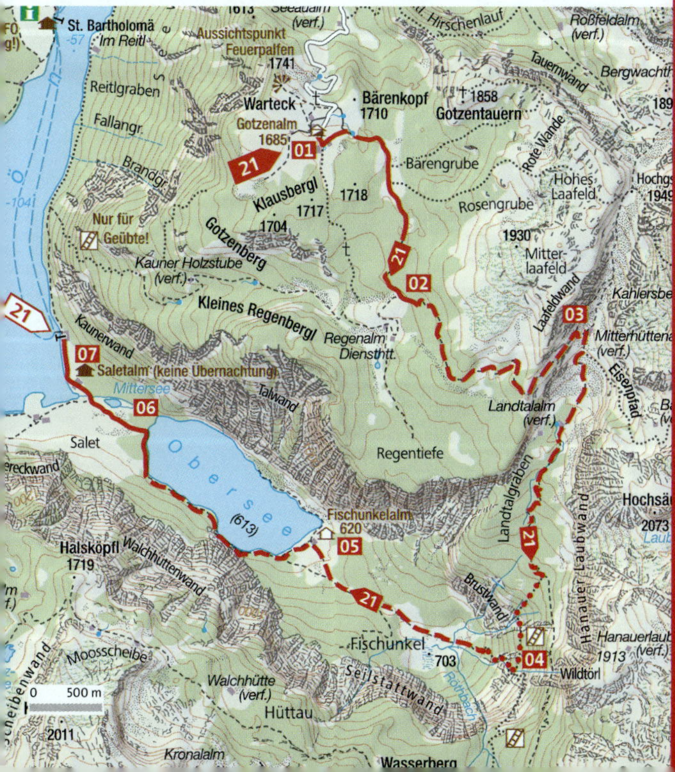

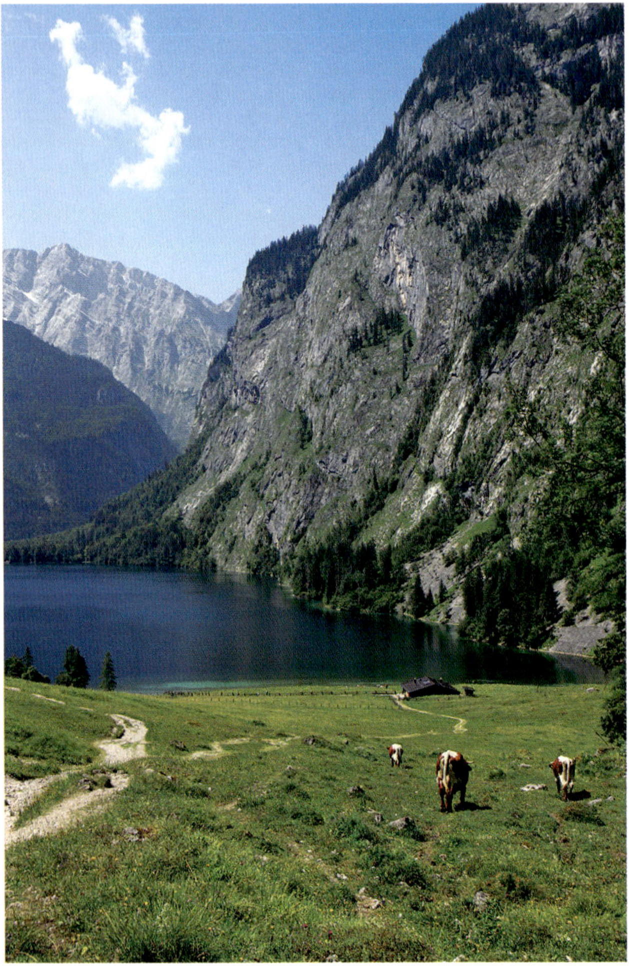

Die Fischunkelalm am Obersee.

Blickkontakt zum Obersee und schlendern gemütlich auf dem rechts abbiegenden Pfad hinab zur **Fischunkelalm** 05.

Links am See entlang, durch ein kurzes Waldstück, geht es zunächst über geländergesicherte Stufen bergauf, dann wieder bergab und stets am Ufer entlang auf wurzeligem Pfad zum **Bootshaus** 06 am Seeende. Linkshaltend auf breitem, gekiestem Weg passieren wir das Gasthaus Saletalm und erreichen die Anlegestation **Salet** 07.

EISKAPELLE • 1000 m

Kurzer Ausflug zum Fuß der Watzmann-Ostwand

7,5 km | 2:15 h | 396 hm | 396 hm | 794

START | Königssee, Anlegestelle St. Bartholomä, 604 m
[GPS: UTM Zone 33 x: 347.430 m y: 5.267.620 m]
CHARAKTER | Leichte Wanderung auf breitem Weg, dann über Geröll und erst zum Schluss am Schneefeld entlang steiler ansteigend.

Die Eiskapelle ist wohl das am niedrigsten gelegene ganzjährig vorhandene Schneefeld in den Alpen und speist sich aus den Lawinenabgängen der Watzmann-Ostwand.

▶ Von **St. Bartholomä** 01 verlassen wir das Gasthaus und vor der Nationalpark-Information halten wir uns links und folgen dem Schild „Eiskapelle". Ein breiter Kiesweg bringt uns fast eben durch den schattigen Wald. Nach 10 Minuten überqueren wir vor der **Kapelle St. Johann und Paul** 02 auf einer Holzbrücke den Bach. Der Weg verengt sich zu einem schmaleren Pfad und es geht kurz aufwärts über Holzstufen – die Eiskapelle ist von hier mit einer Dreiviertelstunde angegeben. Über mehrere Kehren geht es im schattigen Wald steiler bergan, bis wieder ein flacheres Stück folgt. Wir durchqueren ein trockenes Bachbett und treffen nach etwa einer halben Stunde zu einem breiten, mit Schotter und Steinen gefüllten Bachbett und zu einem Schild: Achtung – Betreten der Eishöh-

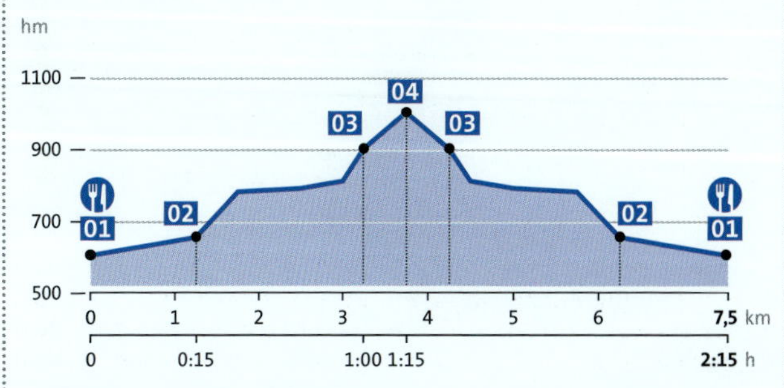

01 St. Bartholomä, 604 m; 02 Kapelle St. Johann und Paul, 654 m;
03 Unterer Rand Eisfeld, 899 m; 04 Eiskapelle, 1000 m

len und der Eisflächen verboten! Links vom Schotterbach steigen wir etwas steiler an und verlassen kurz darauf den schattigen Wald. Die Bachläufe sind an geeigneten Stellen zu überqueren, man hält sich immer direkt auf das vor einem liegende **Eisfeld** zu, dessen unterer **Rand** 03 nach knapp einer Stunde erreicht wird.

Links am Schneefeld entlang kann man nun, in weiteren 15 Minuten, steiler über Fels und Geröll und durch

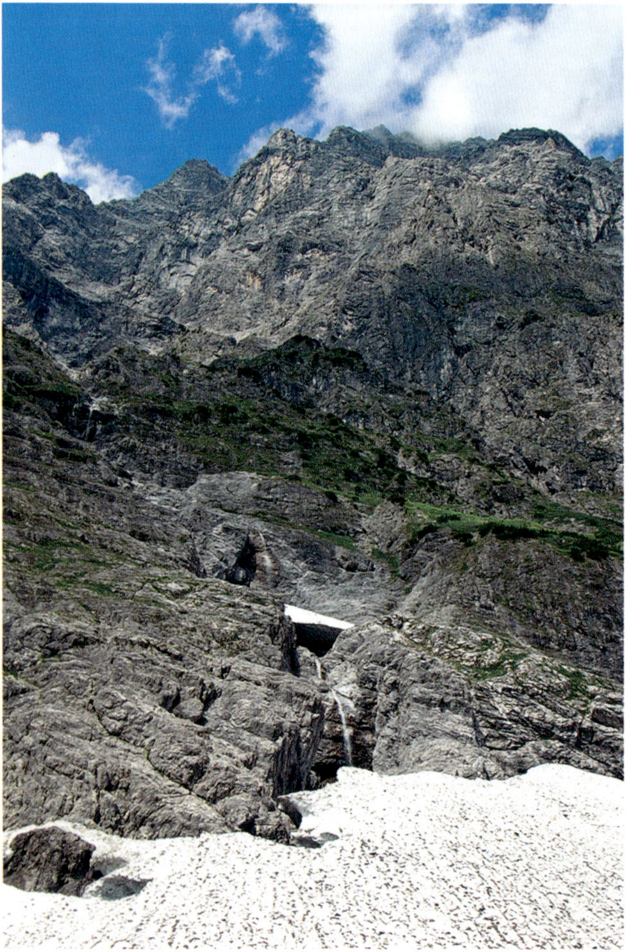

Die Eiskapelle unterhalb der Watzmann-Ostwand.

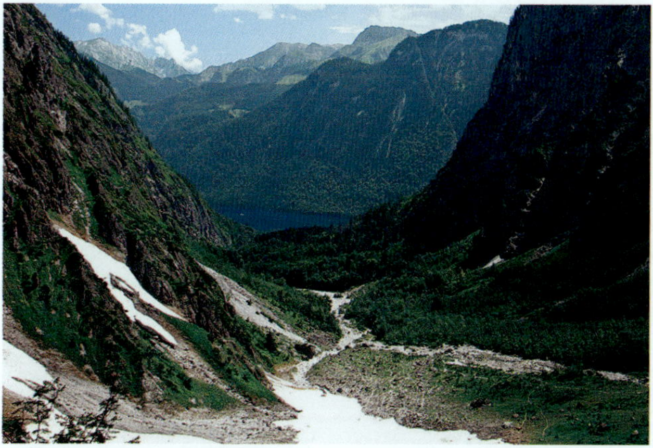

Tiefblick von der Eiskapelle hinab zum Königssee.

Latschen bis zum linken oberen Rand, zur sog. **Eiskapelle** 04, hochsteigen. Von hier hat man einen schönen Überblick über das gesamte Schneefeld, den Eisgraben hinunter bis zum Königssee und einen guten Einblick in die Ostwand des Watzmanns mit seinen diversen Wasserfällen.

Der Rückweg verläuft über den Anstiegsweg.

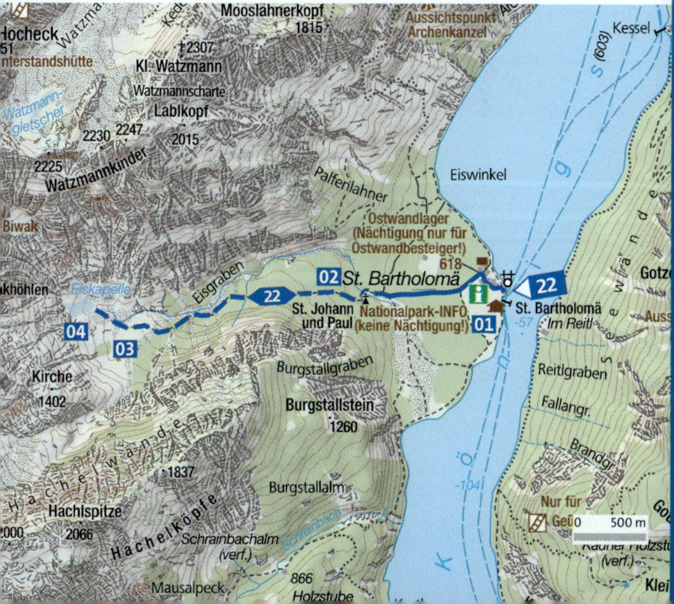

ARCHENKANZEL • 1346 m

Über den Rinnkendlsteig zu herrlichem Aussichtspunkt

8,5 km | 4:45 h | 790 hm | 790 hm | 794

START | Königssee, Anlegestelle St. Bartholomä, 604 m
[GPS: UTM Zone 33 x: 347.430 m y: 5.267.620 m]
CHARAKTER | Der Rinnkendlsteig hat einige ausgesetzte Passagen und verlangt Trittsicherheit, ist aber an den notwendigen Stellen versichert.

Die Archenkanzel ist ein fantastischer Aussichtsbalkon, dessen Sitzbänke herrliche Tiefblicke hinab zum Königssee bieten. Am Aussichtsplatz steht auch eine interessante, holzbehauene Christusfigur.

▶ Beim Holzhaus der Nationalpark-Information hinter dem Gasthaus von **St. Bartholomä** 01 halten wir uns rechts und folgen dem Schild „Rinnkendlsteig".

Am Ufer entlang gelangt man nach 10 Minuten zum **Einstieg in den Rinnkendlsteig** 02, der links in den Wald hoch führt. Kurz nach der ersten Querung über eine freie Hangfläche mit Blick zum See, erreicht man auch die erste Drahtseilsicherung. Der Steig ist mit etlichen Holzstufen, Holzleitern und vielen neuen Drahtseilen an den wichtigen Stellen ausgestattet. Die Serpentinen werden nun steiler, schattige Abschnitte wechseln sich mit recht sonnigen Passagen ab, die dann aber sehr schöne Tiefblicke zum Königssee erlauben. Nach gut eineinviertel Stunden wird der Steig felsiger, Eisentritte und Drahtseilsicherun-

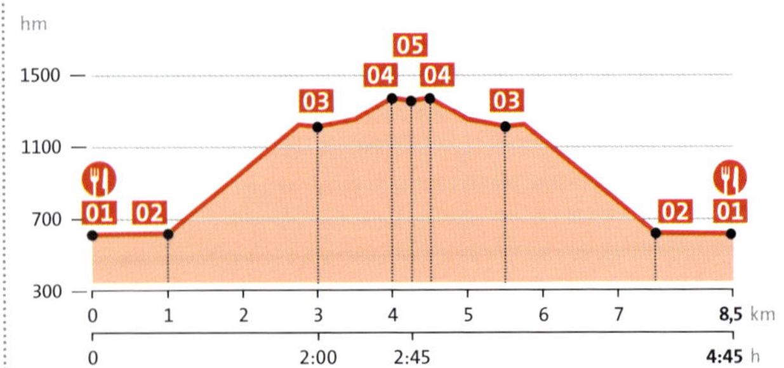

01 St. Bartholomä, 604 m; 02 Rinnkendl-Einstieg, 610 m; 03 Flachpassage, 1200 m; 04 Abzweig Archenkanzel, 1360 m; 05 Archenkanzel, 1346 m

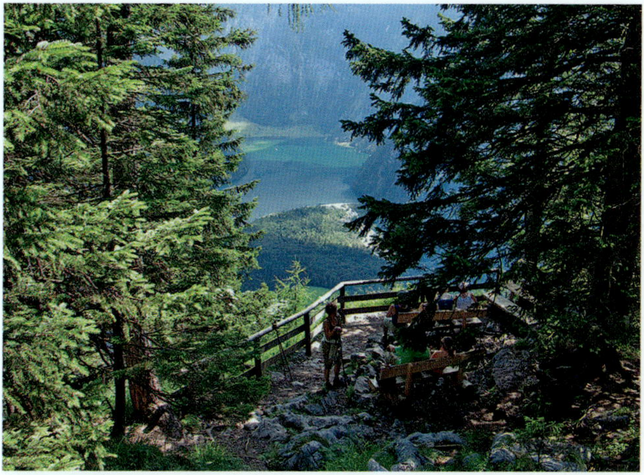

Die Archenkanzel – ein Aussichtspunkt der Extraklasse.

gen häufen sich, bis es nach weiteren 15 Minuten über eine Leiter kurz abwärts geht. Anschließend in einem Linksschwenk wieder bergauf über eine mit Drahtseilen gesicherte Leiter. Es folgt eine kurze **Flachpassage** 03, bis es wieder über eine Leiter steiler bergab geht. Kurz darauf, wieder bei einer Leiter, kommt nach etwas mehr

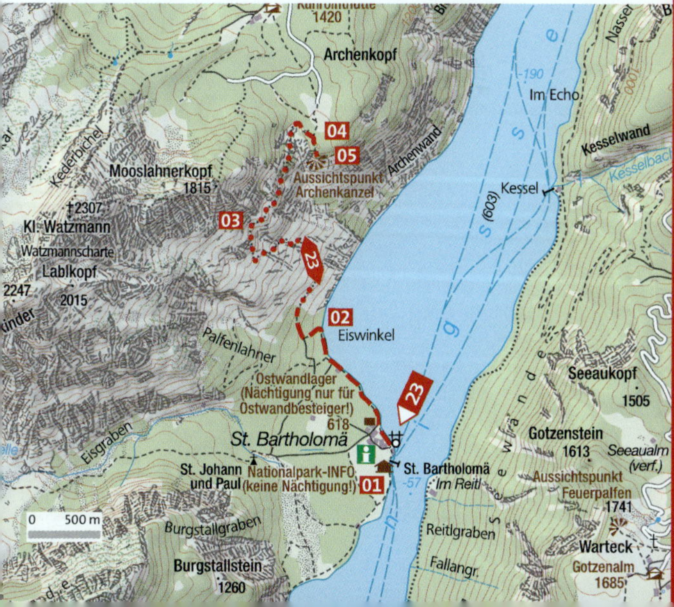

als 2 Stunden Gehzeit der Schlussanstieg, der in der großen, markanten Schlucht verläuft, die von rechts unten hochzieht.

Am oberen Ende des Anstiegs, beim **Abzweig Archenkanzel** 04, halten wir uns rechts zur **Archenkanzel** 05, die nach rund zweieinhalb Stunden erreicht ist. Die letzten Meter verlaufen über einen wurzeligen, fast ebenen Pfad, der zum Schluss nochmals leicht abfällt.

Der Rückweg verläuft über den Anstiegsweg.

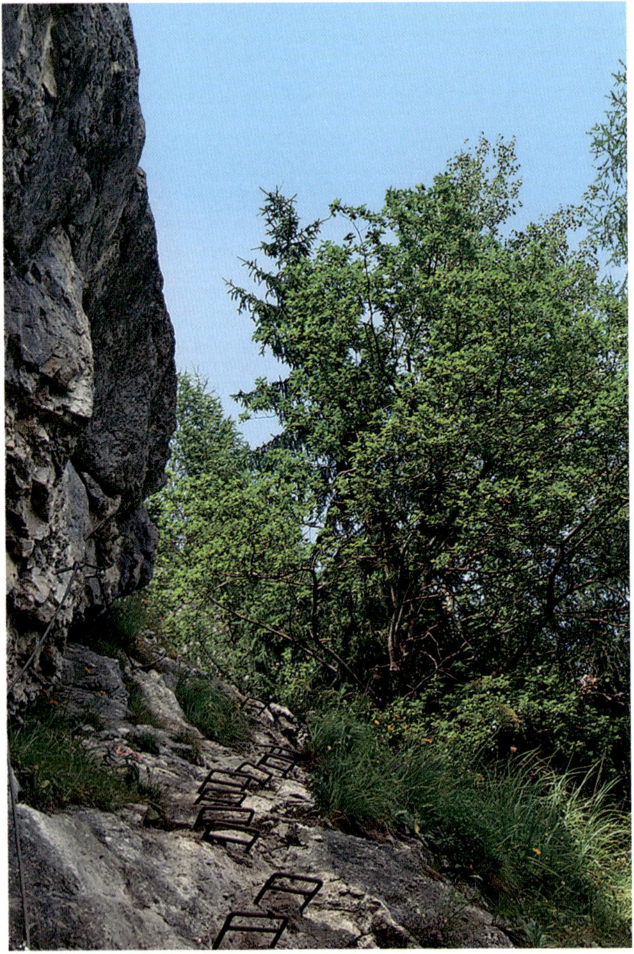

Einige Passagen des Rinnkendlsteigs verlangen Trittsicherheit.

KÜHROINTHÜTTE • 1420 m

Auf knackigem Felssteig ins aussichtsreiche Almgebiet

11 km | 4:45 h | 832 hm | 826 hm | 794

START | Königssee, Anlegestelle St. Bartholomä, 604 m
[GPS: UTM Zone 33 x: 347.430 m y: 5.267.620 m]
CHARAKTER | Der Rinnkendlsteig verlangt Trittsicherheit; der Abstiegsweg über die Klingeralm ist recht steil, aber breit und problemlos zu gehen.

Eine schöne Kombination von Schifffahrt, versichertem Steig, aussichtsreicher Almlandschaft und schattigem Wanderweg.

▶ Der Anstieg über den Rinnkendlsteig ist bei Tour 23 beschrieben. Bei der **Verzweigung zur Archenkanzel** 04 halten wir uns nach links und folgen dem breiten Kiesweg zu einer Plattform (Hubschrauberlandeplatz, Hüttenversorgung). Kurz danach verlässt ein schmaler, leicht ansteigender Pfad den Kiesweg nach links. Nach Überqueren einer Fahrstraße wird der Pfad steiniger und steigt an. Wir durchwandern eine Senke und erblicken nach knapp 3 Stunden vor uns die Gebäude der **Kührointhütte** 05.

Nach Einkehr in der Kührointhütte marschieren wir auf der breiten Sandstraße bis zur Verzweigung, geradeaus ist der Weg nach Königssee (2:15 Std.), nach links der Weg zur Grünsteinhütte (1 Std.) ausgeschildert.

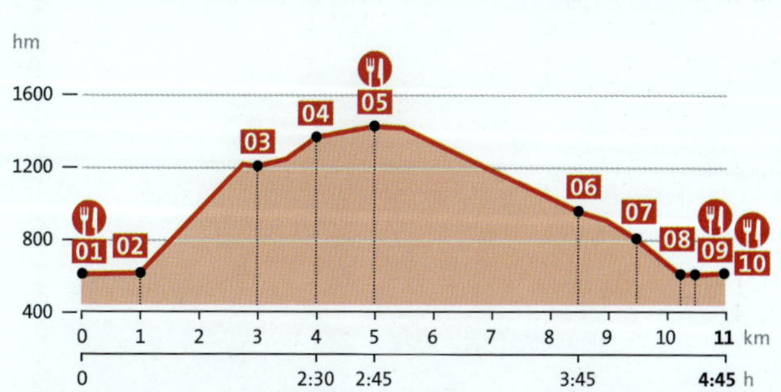

01 St. Bartholomä, 604 m; 02 Rinnkendl-Einstieg, 610 m; 03 Flachpassage, 1200 m; 04 Abzw. Archenkanzel, 1360 m; 05 Kührointhütte, 1420 m; 06 Klingeralm, 950 m; 07 Abzw. Rodelbahn, 800 m; 08 Brücke, 604 m; 09 Königssee Hafen, 604 m; 10 Parkplatz Königssee, 610 m

Wir folgen dem Königssee-Weg, der uns in den schattigen Wald führt. Bei einer Wegverzweigung weist uns die Markierung nach links, ab hier wird der Kiesweg recht steil und führt in großen Serpentinen zur **Klingeralm** 06 hinab. Kurz vorher öffnet sich der Blick nach vorn, zum Grünstein. Vor der etwas erhöht liegenden Klingeralm überqueren wir einen Bach, halten uns rechts und gelangen nach ein paar Kehren zum Startgebäude der Bobbahn. Ein schmaler Steg führt halbrechts zur Bahn hinab und auf Asphalt folgen wir links der Bobbahn bis zur **Abzweigung Rodelbahnweg** 07, der uns links am Waldrand entlang führt und dann rechts abknickt. Hinter einem Gehöft wandern wir über Wiesen direkt hinab zur **Brücke** 08 über die Königsseer Ache. Dann am Ufer entlang zurück zum **Hafen** 09 und durch das Dorf zum **Parkplatz** 10.

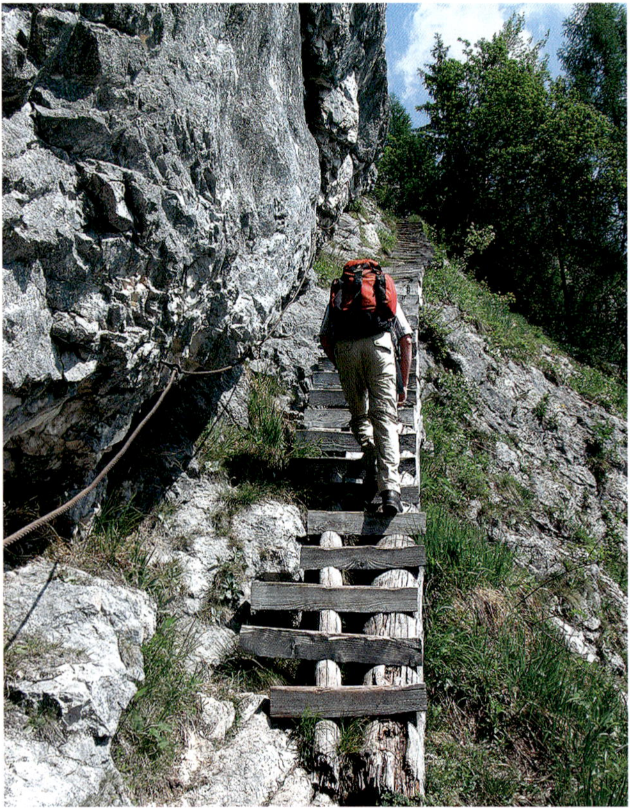

Der Rinnkendlsteig weist immer wieder spannende, aber in der Regel gut versicherte Passagen auf.

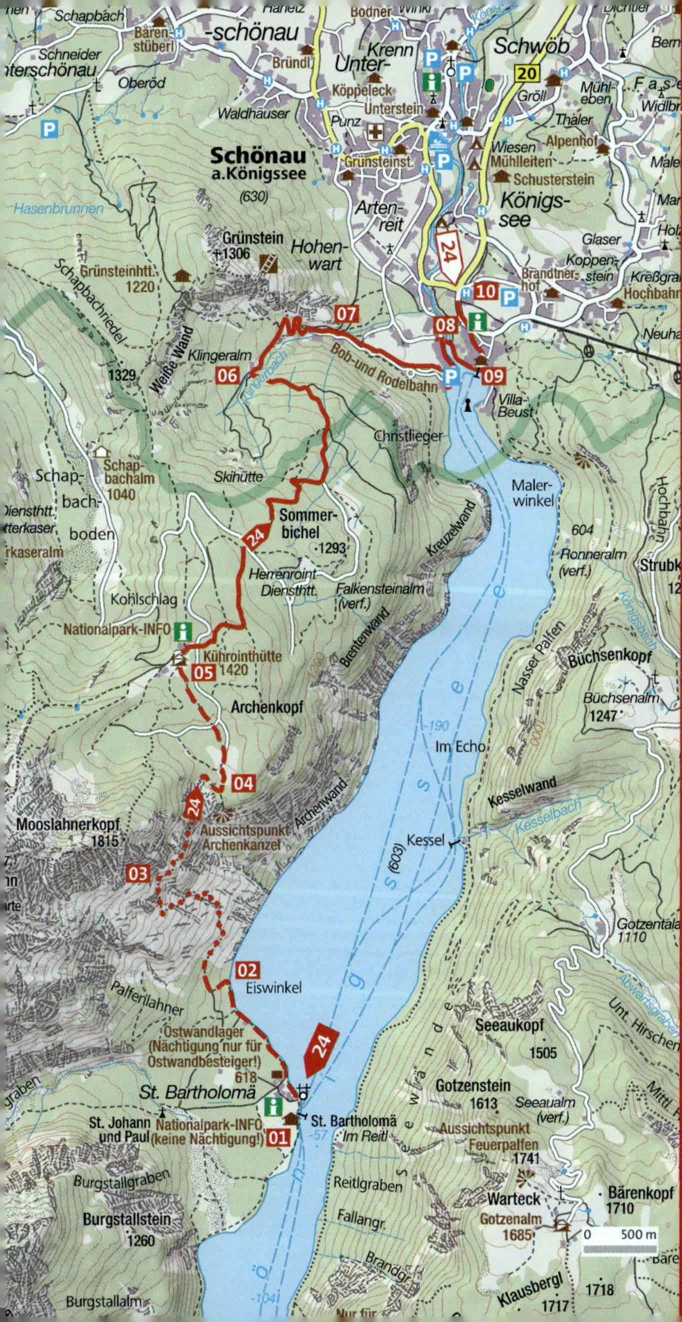
Schapbach
Bären-stüberl
-schönau
Schneider
Oberöd
Bründl
Krenn
Unter-
Köppeleck
Unterstein
Schwöb
20
Gröll
Mühl-eben
Thaler
Waldhäuser
Punz
Grünsteinst.
Wiesen
Mühlleiten
Alpenhof
Schusterstein
Schönau a.Königssee
(630)
Arten-reit
Königs-see
Hasenbrunnen
Grünstein 1306
Hohen-wart
Glaser
Koppen-stein
Brandtner-hof
Kreßgra
Hochbahn
Schapbachriedel
Grünsteinhtt. 1220
24
10
07
08
09
Neuha
1329
Weiße Wand
Klingeralm
06
Klingerbach
Bob-und Rodelbahn
Villa Beust
Christlieger
Schap-bachalm 1040
Schap-bach-boden
Skihütte
Maler-winkel
Sommer-bichel 1293
604
Ronneralm (verf.)
Hochbahn
Strubk
Kreuzelwand
Herrenroint Diensthtt.
Falkensteinalm (verf.)
Kohlschlag
Nationalpark-INFO
Kührointhütte 1420
05
Brentenwand
Königsbach
Nasser Palfen
Büchsenkopf
Büchsenalm 1247
Archenkopf
-190
Im Echo
04
Kesselwand
Kesselbach
Mooslahnerkopf 1815
Aussichtspunkt Archenkanzel
Archenwand
Kessel
(603)
03
Gotzentala 1110
02
Eiswinkel
Palfenlahner
Ostwandlager (Nächtigung nur für Ostwandbesteiger!)
618
St. Bartholomä
St. Johann und Paul
Nationalpark-INFO (keine Nächtigung!)
01
St. Bartholomä
-57
Im Reitl
Seeaukopf 1505
Gotzenstein 1613
Seeaualm (verf.)
Aussichtspunkt Feuerpalfen 1741
Unt. Hirschen
Abwärtsgraben
Burgstallgraben
Reitlgraben
Warteck
Bärenkopf 1710
Burgstallstein 1260
Fallangr.
Gotzenalm 1685
0 500 m
Brandgr.
Klausbergl 1717
1718
Burgstallalm
-104

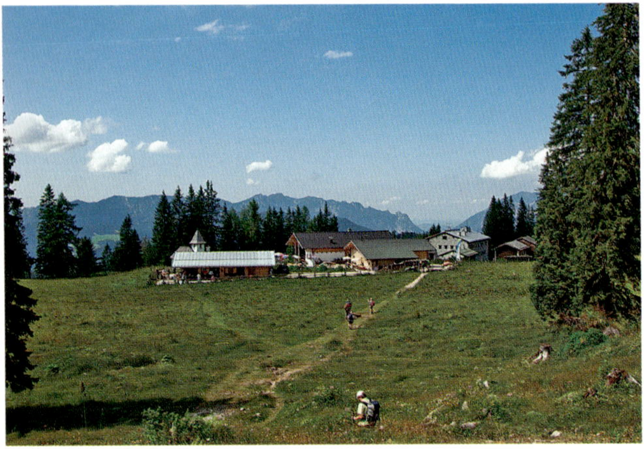

Inmitten grüner Almwiesen wartet die einladende Kührointhütte.

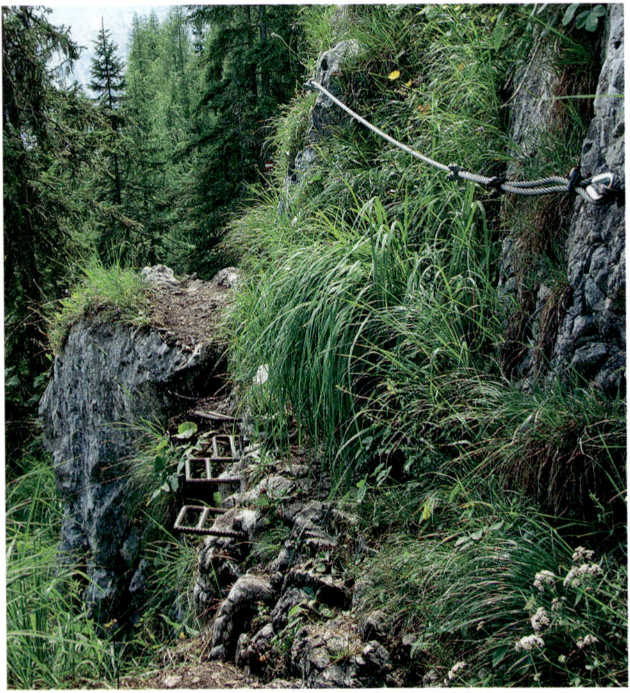

Eine der versicherten Schlüsselstellen des Rinnkendlsteigs.

KÄRLINGERHAUS • 1631 m

Einfach, aber lang: Der Hüttenzustieg über die Saugasse

9,75 km | 4:00 h | 1081 hm | 54 hm | 794

START | Königssee, Haltestelle St. Bartholomä, 604 m
[GPS: UTM Zone 33 x: 347.430 m y: 5.267.620 m]
CHARAKTER | Einfacher, aber langer und vor der Schrainbachalm und im Bereich der Saugasse auch recht steiler Hüttenzustieg.

Die über 30 Serpentinen, die sich durch die schluchtartige Steilrinne von der ehem. Unterlahneralm zur ehem. Oberlahneralm hochziehen, sind ein absolutes Highlight, quasi das Stilfser Joch des Wanderers.

▶ Von **St. Bartholomä** 01 wandern wir Richtung Süden über die Schuttreisen des Eisbachs zur Felswand des Burgstalls. An den Felsen entlang in Kehren recht steil bergauf bis zur **Schrainbachalm** 02.

Etwas weniger steil weiter durch Wald hinauf, vorbei an der **Abzweigung** 03 zum **Trischübelpass** und über offenes Almgelände linkshaltend, bis man unter die Felsabstürze des Simetsbergs gelangt. Nun die schon länger sichtbare, kehrenreiche Saugasse hinauf, ein Steig, der sich zwischen den Felsen hochschlängelt und der sehr der Sonne ausgesetzt ist. Haben wir die obere Almfläche erreicht, passieren wir im Gebiet der ehemaligen **Oberlahneralm** 04 die zweite Abzweigungsmöglichkeit zum Trischübel. Wir wandern jetzt relativ gemächlich hoch zum Funtenseesattel, wo man in der Senke das **Kärlingerhaus** 05 er-

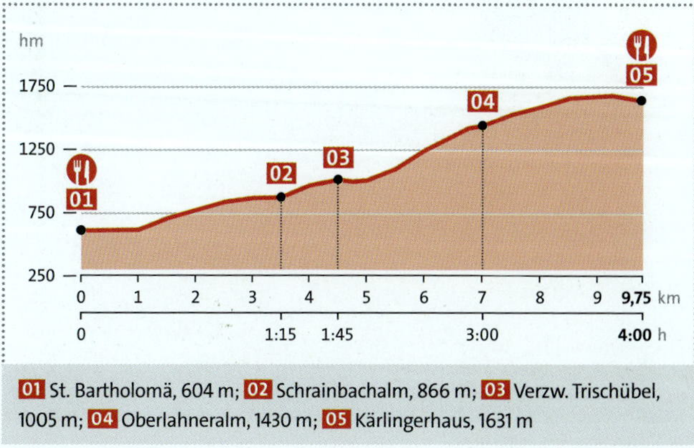

01 St. Bartholomä, 604 m; 02 Schrainbachalm, 866 m; 03 Verzw. Trischübel, 1005 m; 04 Oberlahneralm, 1430 m; 05 Kärlingerhaus, 1631 m

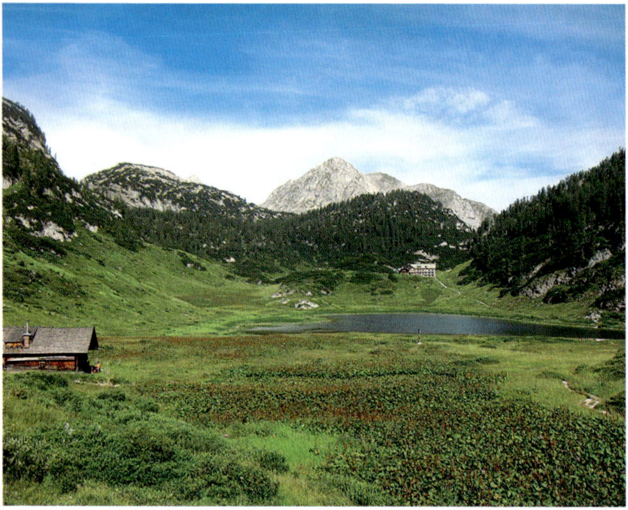

Der Funtensee, im Hintergrund das Kärlingerhaus.

blickt, das nach wenigen Minuten erreicht ist.

Für den Rückweg gibt es für trittsichere und ausdauernde Geher noch die Möglichkeit der Variante über die Sigeretplatte (siehe Tour 26). Dieser Steig, der die Saugasse umgeht, ist allerdings nur Geübten vorbehalten, da er über teils steile und ausgesetzte Holzstufen am Fels entlang führt.

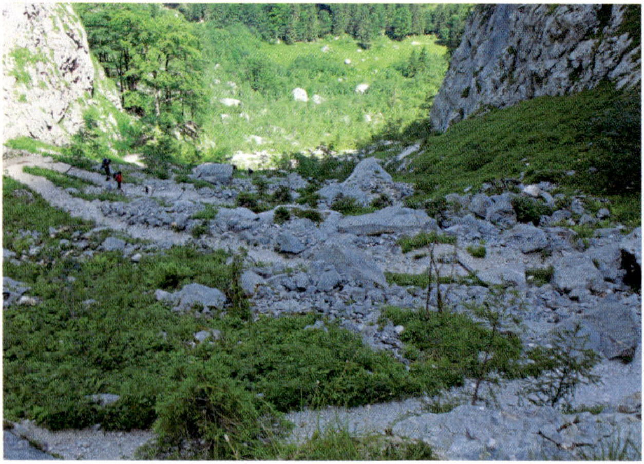

Die Saugasse im Abstieg.

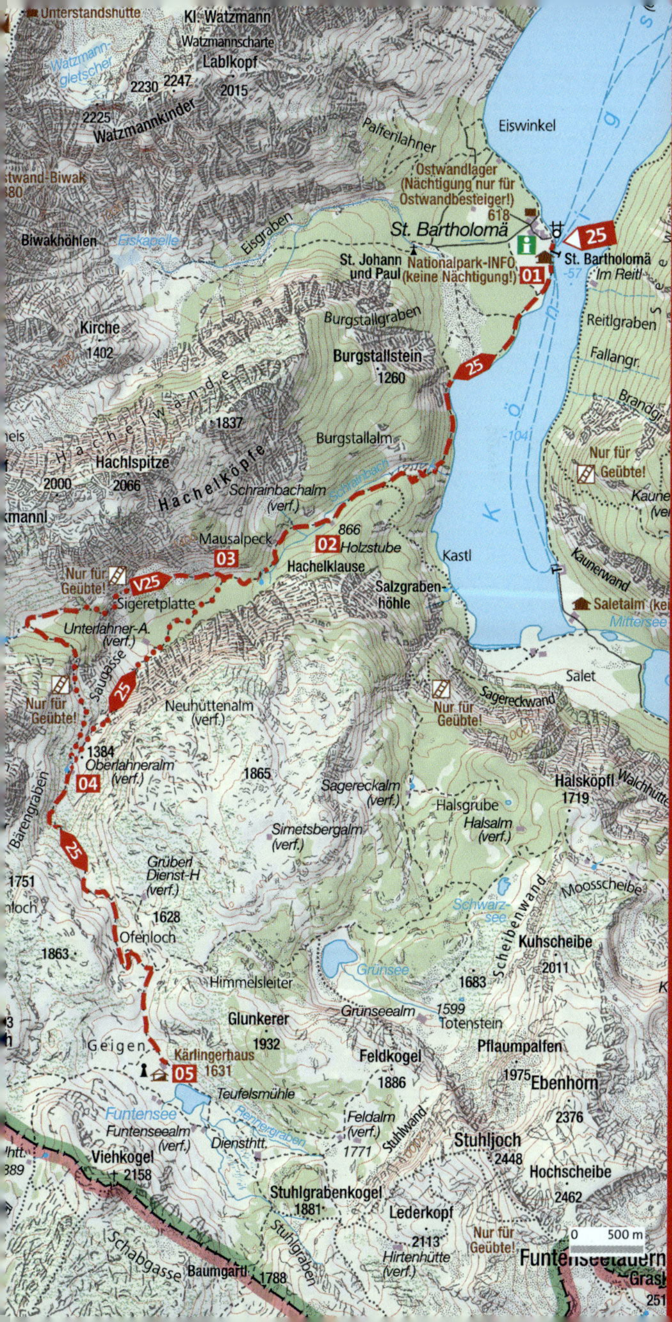
Unterstandshütte
Kl. Watzmann
Watzmannscharte
Lablkopf
Watzmann-gletscher
2230
2247
2015
2225
Watzmannkinder
Palfenlahner
Eiswinkel
Ostwandlager
(Nächtigung nur für
Ostwandbesteiger!)
618
St. Bartholomä
25
Biwakhöhlen
Eiskapelle
Eisgraben
St. Johann
und Paul
Nationalpark-INFO
(keine Nächtigung!)
01
St. Bartholomä
-57
Im Reitl
Burgstallgraben
Reitlgraben
Kirche
1402
Burgstallstein
1260
Fallangr.
25
Brandgr.
1837
Burgstallalm
Hachelwände
Hachlspitze
2000
2066
Hachelköpfe
Schrainbachalm
(verf.)
Schrainbach
Nur für
Geübte!
-190
Mausalpeck
866
02
Holzstube
Kastl
03
Hachelklause
Nur für
Geübte!
V25
Sigeretplatte
Salzgraben-
höhle
Kaunerwand
Saletalm
Mittersee
Unterlahner-A.
(verf.)
Saugasse
Salet
25
Nur für
Geübte!
Neuhüttenalm
(verf.)
Nur für
Geübte!
Sagereckwand
1384
Oberlahneralm
(verf.)
04
1865
Halsköpfl
1719
Sagereckalm
(verf.)
Halsgrube
Halsalm
(verf.)
Bärengraben
Simetsbergalm
(verf.)
25
1751
Grüberl
Dienst-H
(verf.)
Moosscheibe
Schwarz-
see
1628
Scheibenwand
Kuhscheibe
Ofenloch
2011
1863
Grünsee
1683
Himmelsleiter
Grünseealm
1599
Glunkerer
Totenstein
Geigen
1932
Pflaumpalfen
Kärlingerhaus
05
1631
Feldkogel
1975
Ebenhorn
1886
Teufelsmühle
Funtensee
Feldalm
(verf.)
2376
Funtenseealm
(verf.)
Rennergraben
Diensthtt.
1771
Stuhlwand
Stuhljoch
2448
Viehkogel
2158
Hochscheibe
Stuhlgrabenkogel
2462
1881
Lederkopf
Schabgasse
Stuhlgraben
2113
Nur für
Geübte!
Hirtenhütte
(verf.)
Baumgartl
1788
0
500 m
Funtenseetauern

SIGERETPLATTE – SAUGASSE

Rundtour mit zwei völlig unterschiedlichen Passagen

14,5 km | 6:00 h | 891 hm | 891 hm | 794

START | Königssee, Haltestelle St. Bartholomä, 604 m [GPS: UTM Zone 33 x: 347.430 m y: 5.267.620 m]
CHARAKTER | Die Variante über die Sigeretplatte ist mit recht steilen Abschnitten bestückt, mit Holzleitern und drahtseilversicherten Stellen, auch abschüssige Querungen verlangen Aufmerksamkeit.

Eine Tour mit zwei Gesichtern: Der Weg über die Sigeretplatte führt durch eine üppig verwachsene, grüne und oft schattige Landschaft, während der Abstieg über die Saugasse eine der Sonne ausgesetzte, steinige Angelegenheit ist.

Wir starten in **St. Bartholomä** 01, wandern auf dem schmalen Kiespfad am Ufer entlang, überqueren die Kiesflächen des Eisbachs und steigen dann zunehmend steiler an. Vorbei an einem Wasserfall geht es in mehr oder weniger engen Kehren hoch, bis der Weg flacher zur **Schrainbachalm** 02 führt.

Nach der Hütte überqueren wir einen Bach und wandern durch schattigen Wald zur **Verzweigung** 03, die rechts zum Trischübel ausgeschildert ist. Der Weg steigt deutlich an, in vielen Kehren gewinnen wir an Höhe, teils

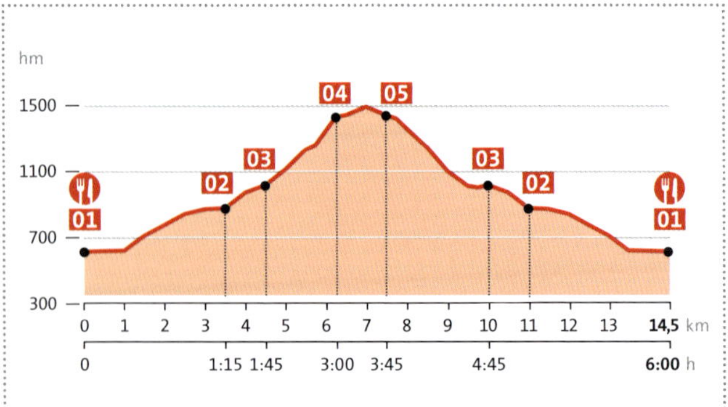

01 St. Bartholomä, 604 m; 02 Schrainbachalm, 866 m; 03 Verzw. Trischübel, 1005 m; 04 Sigeretplatte, 1420 m; 05 Oberlahneralm, 1430 m

über steile Holzstufen und drahtseilgesicherte Passagen. Felsige Abschnitte wechseln mit pflanzenreichen Wegstücken ab, steile Aufstiege mit aussichtsreichen Hangquerungen. Wir passieren die Abzweigung im Bereich der **Sigeretplatte** 04, die rechts hoch zum Trischübel und Hirschwieskopf markiert ist, und bleiben links Richtung Kärlingerhaus. Zum Schluss führt uns der Hangweg in einer großen Linkskehre abwärts und wir treffen schließlich bei der ehem. **Oberlahneralm** 05 auf den Anstiegsweg, der über die Saugasse Richtung Kärlingerhaus hochführt. Wir halten uns links und steigen weiter ab, nun auf einem breiteren, mit Holzstufen befestigten steinigen Pfad. Nach vielen ausgeprägten Serpentinen passieren wir rechts ein unter dem Felsen stehendes Kreuz und erreichen am unteren Ende der Saugasse die Latschenregion. Links ist sehr schön unser Anstiegsweg zur Sigeretplatte zu sehen. Nach der **Verzweigung** 03 mit dem Weg zur Sigeretplatte, wandern wir weiter leicht abwärts, an der **Schrainbachalm** 02 vorbei, und steiler hinab zum Ausgangspunkt in **St. Bartholomä** 01.

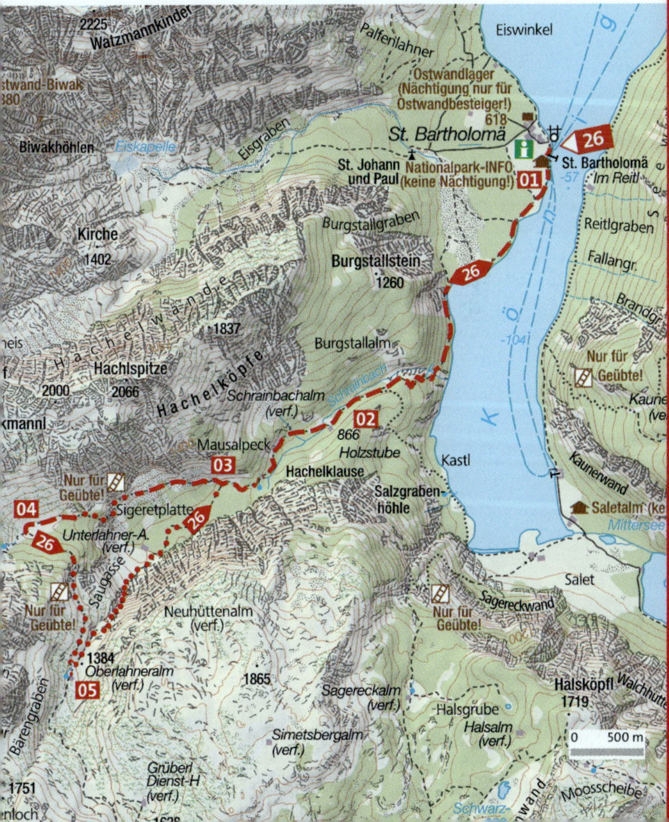

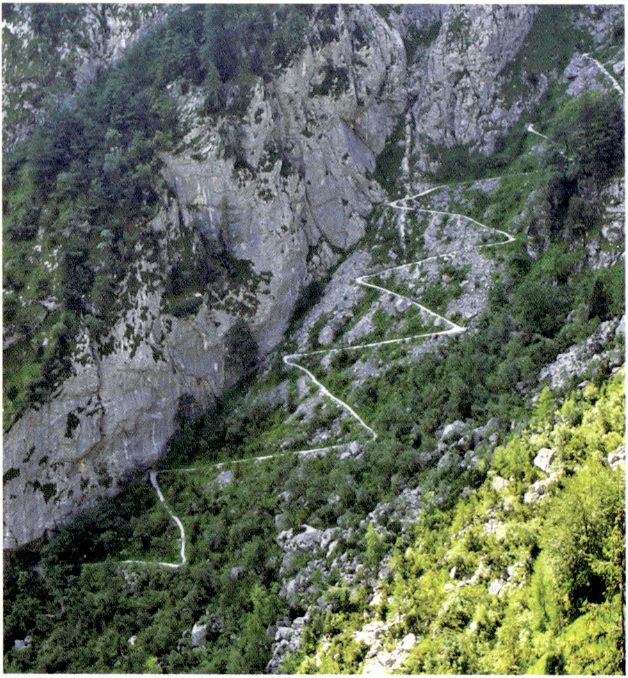

Blick vom Sigeretplattenweg hinüber zur kehrenreichen Saugasse.

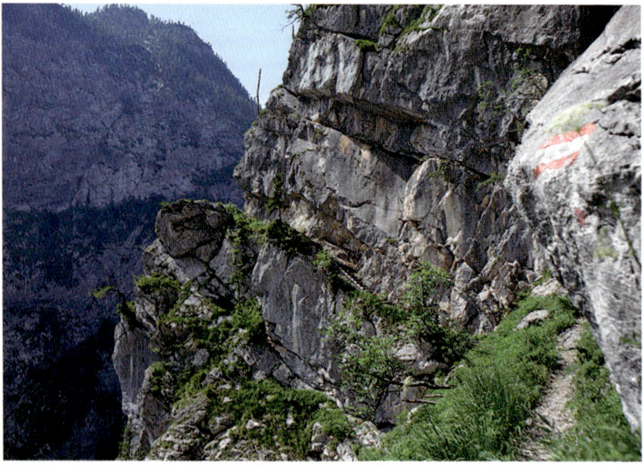

Der aussichtsreiche und teils luftige Weg über die Sigeretplatte.

WATZMANNHAUS • 1928 m

Über den Falzsteig zum Logenplatz unterm Watzmann

3,5 km | 2:15 h | 508 hm | 0 hm | 794

START | Kührointhütte, 1420 m
[GPS: UTM Zone 33 x: 347.430 m y: 5.267.620 m]
CHARAKTER | Anfangs leichter Wanderweg, ab der Baumgrenze wird es steiler, felsiger und es folgen einige steilere, drahtseilgesicherte Stellen und Leiterpassagen, die aber ohne wirkliche Schwierigkeiten zu begehen sind.

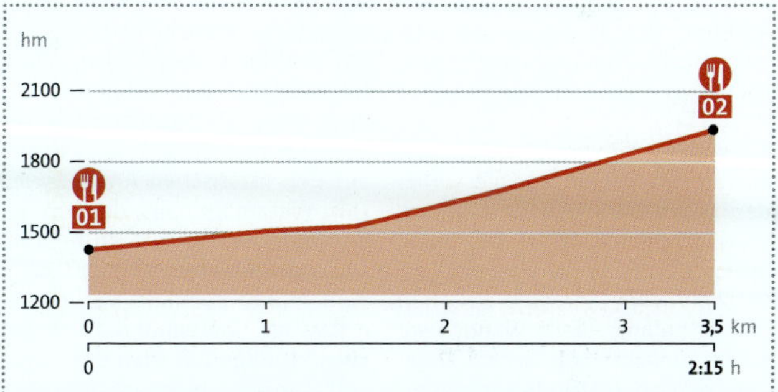

01 Kührointhütte, 1420 m; 02 Watzmannhaus, 1928 m

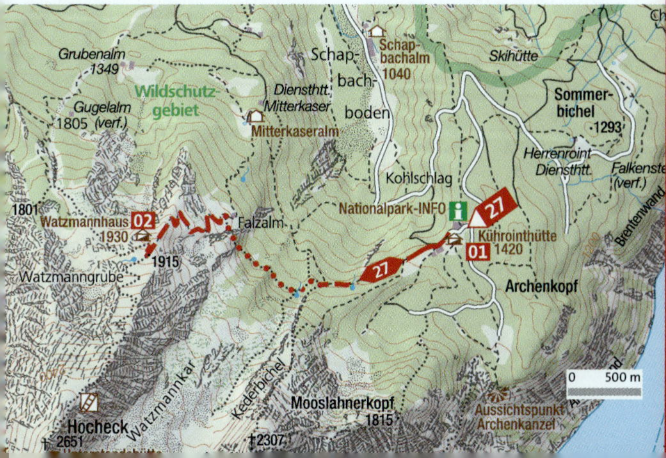

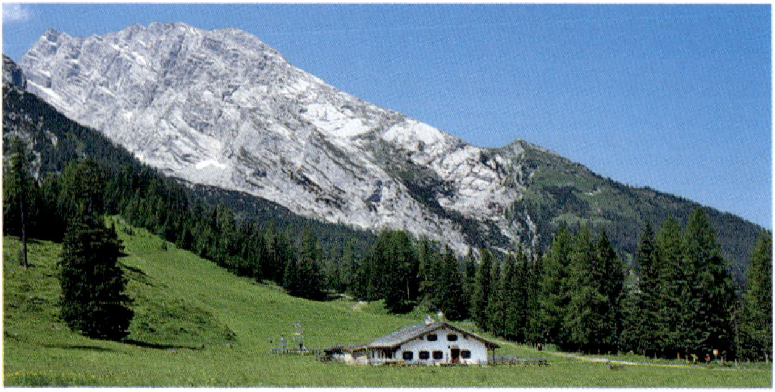

Auf der Kührointalm, mit Blick zum Hocheck und zum Watzmannhaus.

Das Watzmannhaus ist ein äußerst vielbesuchtes Tagesziel und an schönen Wochenenden vielfach ausgebucht. Wer übernachten will, sollte sich vorab informieren.

▶ Von der **Kührointalm** 01 folgen wir an der kleinen Kapelle vorbei den Beschilderungen in Richtung Watzmannhaus, das rechts oben, am unteren Ende der Hocheckflanke, schon vom Start weg zu sehen ist. Der anfangs breite Wanderweg führt zunächst gemächlich steigend durch den Wald, wird dann zunehmend schmaler und bringt uns mit einigen steileren Zwischenanstiegen zur Baumgrenze. Dann folgt der eigentliche Falzsteig, der mit mehreren drahtseilversicherten Passagen aufwartet und uns über diese Steilstufe nach oben leitet. Man trifft bei der Falzalm auf den klassischen Anstiegsweg zum Watzmannhaus, der von der Wimbachklamm heraufführt und muss nochmals eine etwas luftigere – aber ebenfalls versicherte – Passage überwinden. Nach gut zwei Stunden hat man das schon seit langem wieder sichtbare **Watzmannhaus** 02 erreicht.

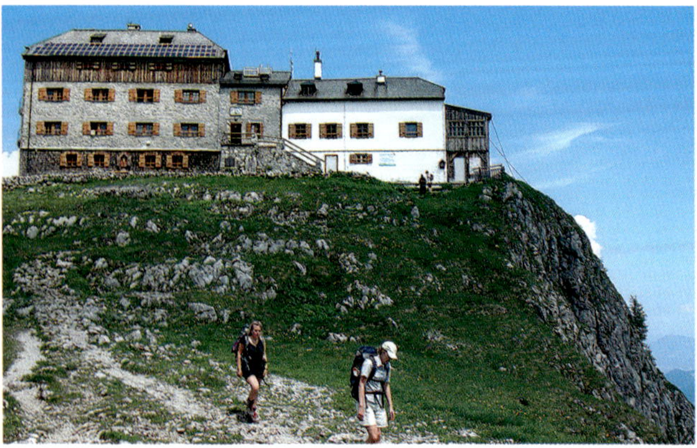

Das exponiert gelegene Watzmannhaus.

MOOSLAHNERKOPF • 1815 m

Grandioser Aussichtsberg zwischen Watzmann und Königssee

3,5 km | 2:30 h | 455 hm | 455 hm | 794

START | Kührointhütte, 1420 m
[GPS: UTM Zone 33 x: 346.700 m y: 5.270.620 m]
CHARAKTER | Steiler und kehrenreicher, aber gefahrloser Anstieg durch eine üppige Latschenvegetation, wenn trockene Verhältnisse herrschen. Bei Nässe ist der Anstiegsweg rutschig und unangenehm.

Eine wunderbare Panoramaaussicht bietet der zwischen Königssee und dem Watzmannmassiv gelegene Mooslahnerkopf und mit der schmiedeeisernen Gipfelglocke noch zusätzlich ein interessantes Wanderzieldetail.

▶ Von der **Kührointalm** 01 gehen wir Richtung Archenkanzel, halten uns aber sofort nach der letzten Hütte rechts und folgen dem Wiesenweg. Am Hang entlang passieren wir ein Drehkreuz und verlassen das Weidegelände. Wir machen eine Rechtskehre, zunächst flach, dann leicht abwärts und stoßen auf einen **Kiesweg** 02, den wir überqueren. Es folgt nun ein sehr dicht bewachsenes, pflanzenreiches Wegstück, der fast ebene, wunderschöne Weg ist zum Teil stark zugewachsen. Nach dieser Pflanzenpracht steigt der Weg steiler an und es geht in engen Serpentinen durch den Wald hoch. Dieser Wegabschnitt ist bei Nässe sehr rutschig und sollte daher nur bei trockenem Wetter begangen werden. Zum Schluss wird

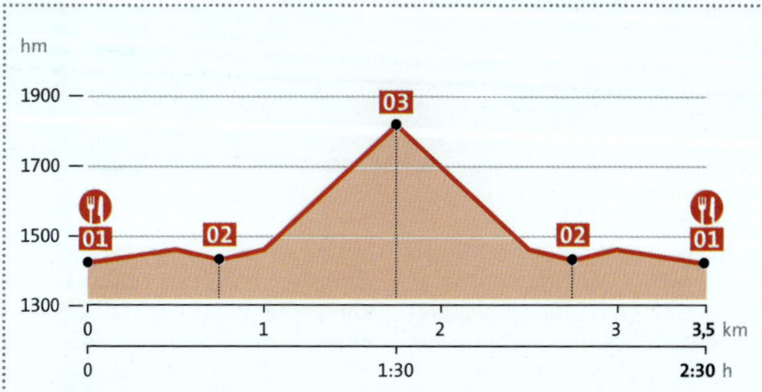

01 Kührointhütte, 1420 m; 02 Kiesweg, 1430 m; 03 Mooslahnerkopf, 1815 m

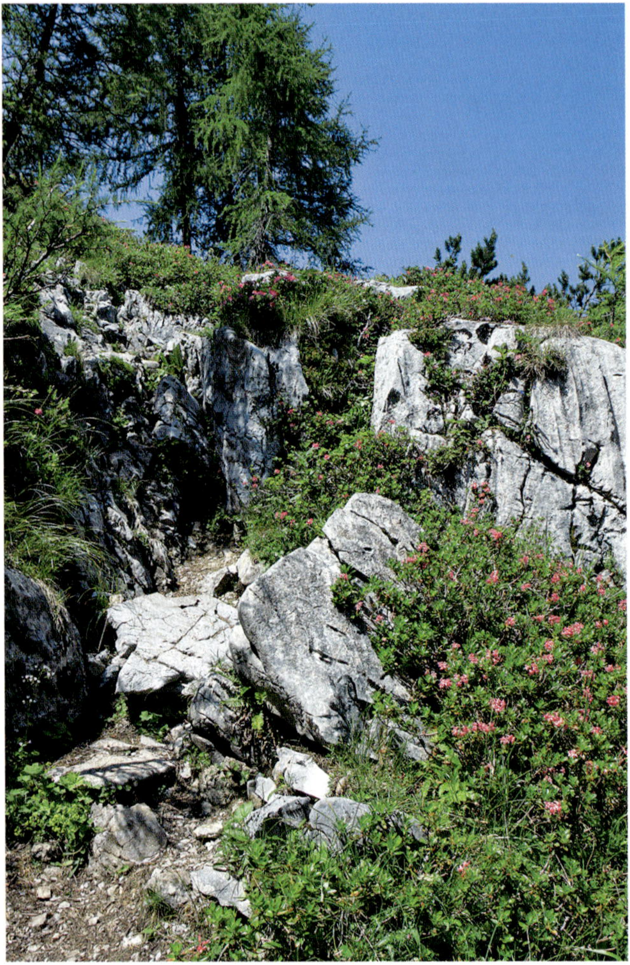

Der herrlich verwachsene Weg zum Mooslahnerkopf.

es flacher, es folgt eine längere Traverse, bevor der Pfad nochmals durch eine steile Rinne ansteigt. Der erste Blick zum schmiedeeisernen Gipfelkreuz eröffnet sich. Wenig später steht man vor einer kleinen Madonnenstatue und einer originellen Glocke am aussichtsreichen Gipfel des **Mooslahnerkopf** 03. Der Tiefblick zum Königssee hinab ist fantastisch, ebenso die Panoramaaussicht, die vom Watzmann über den Untersberg bis hinüber ins Steinerne Meer reicht. Der Abstieg verläuft auf dem Anstiegsweg.

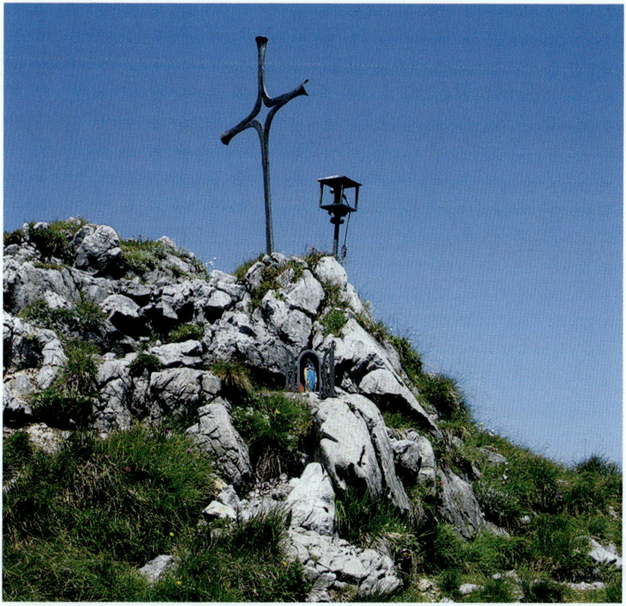

Am Mooslahnerkopf, mit Gipfelkreuz, Madonna und Glocke.

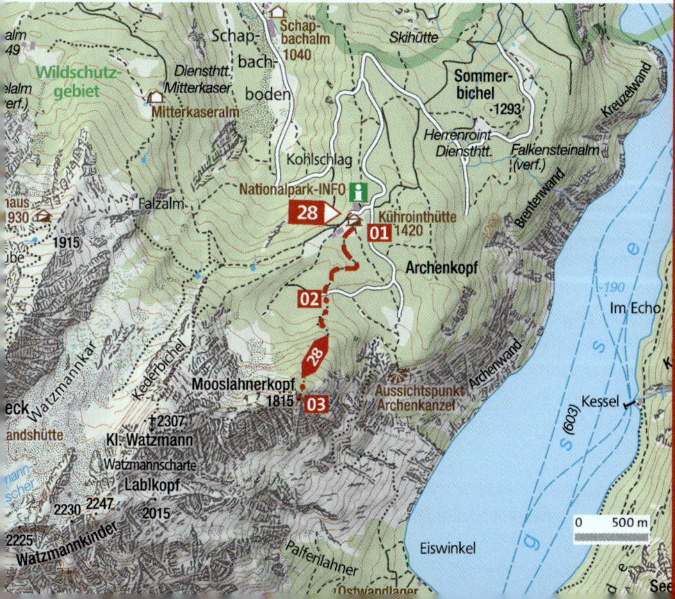

29

GOTZENALM • 1685 m

Über den Kaunersteig zur Gotzenalm

13,75 km 5:30 h 1086 hm 1086 hm 794

START | Anlegestelle Salet, 604 m
[GPS: UTM Zone 33 x: 347.450 m y: 5.265.500 m]
CHARAKTER | Steilere und kehrenreiche Waldpassagen am Kaunersteig, dann bequemer und flacher bis zur Regenalm. Der Reitweg zur Gotzenalm ist ein fast ebener Höhenweg. Der breite Weg zur Gotzentalalm führt kehrenreich und sonnig abwärts; der Reitsteig verläuft wieder im Wald und weist einige steilere Passagen auf, mit engen Kehren.

▶ Von **Salet** 01 wandern wir ein Stück am Ufer entlang nach links, bis der Pfad eine deutliche Rechtskehre macht und der eigentliche **Kaunersteig** 02 in Kehren rechts hoch in den Wald anzusteigen beginnt. Der erste Teil führt recht schattig, aber steil und über viele Holzleitern bergauf. Steilere Stellen sind auch mit Drahtseil versichert. Nach Querung einer Geröllhalde führt der Weg flacher wieder durch dichten Wald, bis man nach rund anderthalb Stunden die sonnige Hochfläche erreicht. Eine halbe Stunde später kann man an der nicht bewirtschafteten **Regenalm** 03 rasten.

Nun geht es in einem Linksbogen über die Wiesen hoch und

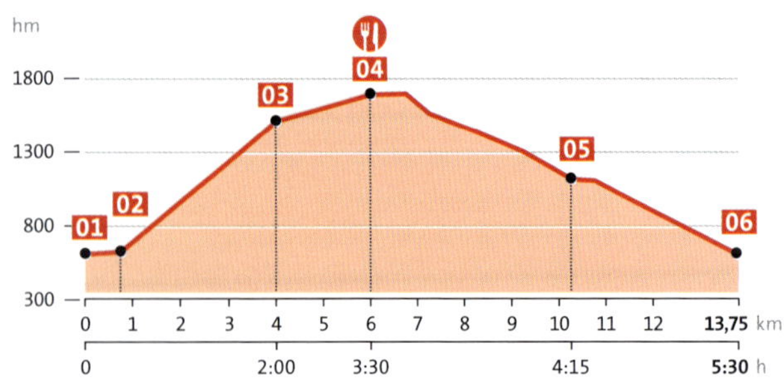

01 Salet, 604 m; 02 Kaunersteig-Anfang, 620 m; 03 Regenalm, 1504 m; 04 Gotzenalm, 1685 m; 05 Gotzentalalm, 1110 m; 06 Kessel, 604 m

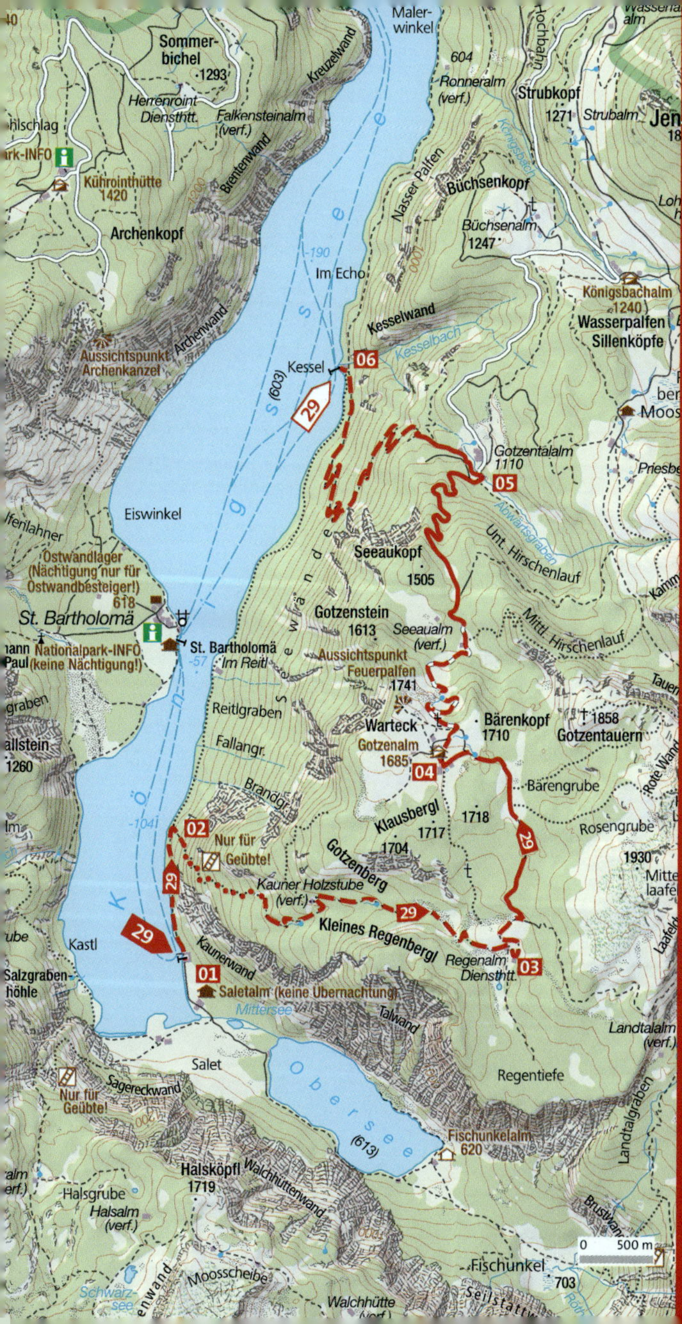

Malerwinkel
Sommerbichel
1293
Herrenroint Diensthtt.
Falkensteinalm (verf.)
Kreuzelwand
604
Ronneralm (verf.)
Strubkopf
1271
Strubalm
Hochbahn
Kührointhütte
1420
Brentenwand
Nasser Palfen
Büchsenkopf
Königsbach
Büchsenalm
1247
Archenkopf
-190
Im Echo
Königsbachalm
1240
Wasserpalfen
Sillenköpfe
Kesselwand
Kesselbach
Archenwand
Aussichtspunkt Archenkanzel
Kessel
06
(603)
29
Gotzentalalm
1110
05
Priesberg
Eiswinkel
Seeaukopf
1505
Abwärtsgraben
Unt. Hirschenlauf
Ostwandlager (Nächtigung nur für Ostwandbesteiger!)
618
St. Bartholomä
Gotzenstein
1613
Seeaualm (verf.)
Mittl. Hirschenlauf
Nationalpark-INFO (keine Nächtigung!)
St. Bartholomä Im Reitl
-57
Aussichtspunkt Feuerpalfen
1741
Reitlgraben
Warteck
Bärenkopf
1710
1858
Gotzentauern
Fallangr.
Gotzenalm
1685
04
Brandgr.
Bärengrube
Rote Wand
Klausbergl
1717
1718
Rosengrube
02
-104
Nur für Geübte!
1704
Gotzenberg
1930
29
Kauner Holzstube (verf.)
29
Kleines Regenbergl
Kastl
Regenalm Diensthtt.
03
Kaunerwand
01
Salzgrabenhöhle
Saletalm (keine Übernachtung)
Mittersee
Talwand
Landtalalm (verf.)
Salet
Sagereckwand
Nur für Geübte!
Obersee
(613)
Regentiefe
Landtalgraben
Fischunkelalm
620
Halsköpfl
1719
Walchhüttenwand
Halsgrube
Halsalm (verf.)
Brustwand
0 500 m
Fischunkel
703
Moosscheibe
Schwarzsee
Walchhütte (verf.)
Seilstatt
Königssee

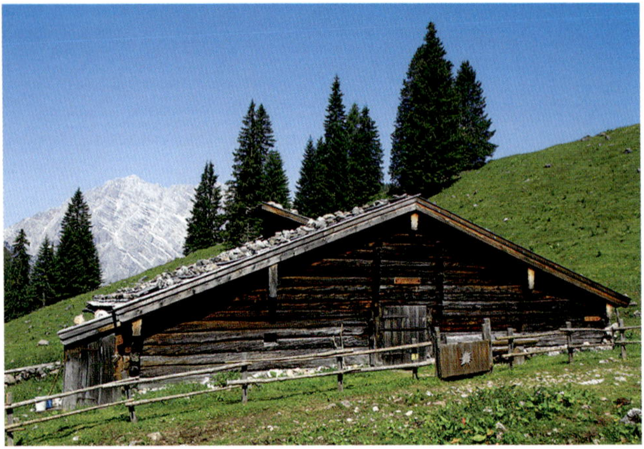

Die unbewirtschaftete Regenalm.

gemächlicher auf dem fast ebenen Reitweg sehr aussichtsreich weiter zur **Gotzenalm** 04. Wer die Gotzenalm nicht als Tagesziel gewählt hat, kann über die breite Fahrstraße zur **Gotzentalalm** 05 abwärts wandern und dann über den **Reitsteig** links hinab zur Bedarfshaltestelle **Kessel** 06 absteigen.

Aufgepasst!

Bei Nässe ist der Kaunersteig wie auch der Reitsteig ziemlich rutschig und die engen Kehren sowie die vielen Holzstufen und -leitern sind sehr mit Vorsicht zu begehen.

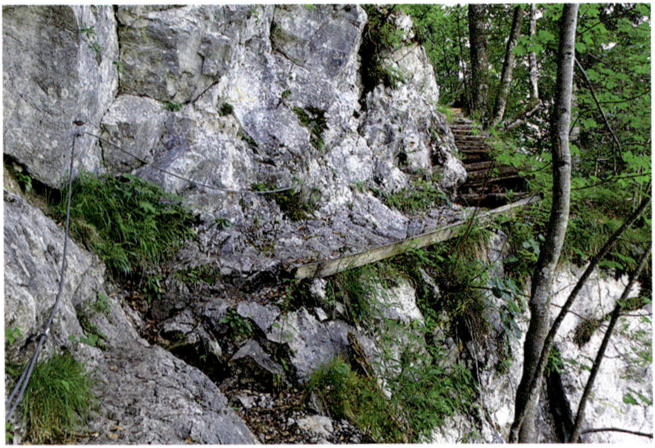

Ausgesetztere Stellen am Kaunergrat sind mit Drahtseilen versichert.

FISCHUNKELALM • 620 m

Kurztrip zum Obersee

5,5 km · 2:00 h · 168 hm · 168 hm · 794

START | Anlegestelle Salet, 604 m
[GPS: UTM Zone 33 x: 347.450 m y: 5.265.500 m]
CHARAKTER | Spaziergang zum Obersee, bis zur Fischunkelalm ein leichter, teils wurzeliger Steig. Die höchste Stelle wird über Holzstufen erreicht und ist mit Geländer und einem Drahtseil gesichert.

Der Seebereich bei der bewirtschafteten Fischunkelalm wird bei entsprechenden Witterungsverhältnissen gerne als Badeplatz benützt.

In **Salet** 01 wandern wir auf breitem Kiesweg rechts am Ufer entlang. Am Ende des Sees passieren wir das Gasthaus Saletalm und tauchen kurz darauf in den Wald ein. Wir überqueren einen Bach, gelangen wieder ins Freie und passieren nach wenigen Minuten rechts die **Abzweigung zum Sagerecksteig** 02. Geradeaus ist der Röthsteig ausgeschildert. Der Weg ist flach, läuft auf den Wald zu und wenige Minuten später stehen wir vor einer **Hütte am Ufer des Obersees** 03. Wir halten uns rechts und folgen dem schmäler werdenden Pfad, zuerst etwas wurzelig und felsig, dann wieder breiter und leicht erhöht am Ufer entlang.

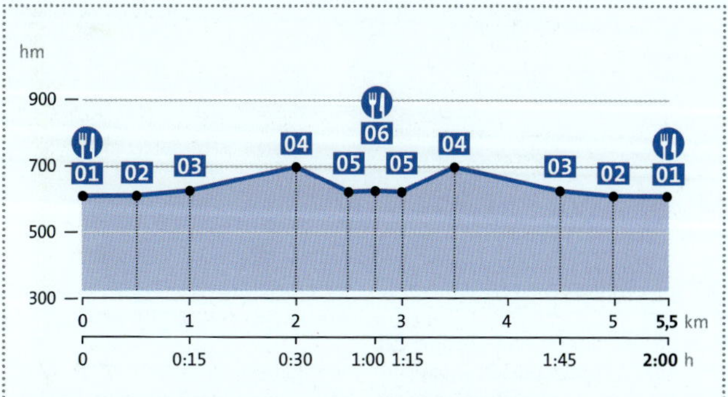

01 Salet, 604 m; 02 Abzweigung Sagerecksteig, 605 m;
03 Obersee/Hütte, 620 m; 04 Obersee/Treppe, 693 m;
05 Verzweigung Röthsteig, 617 m; 06 Fischunkelalm, 620 m

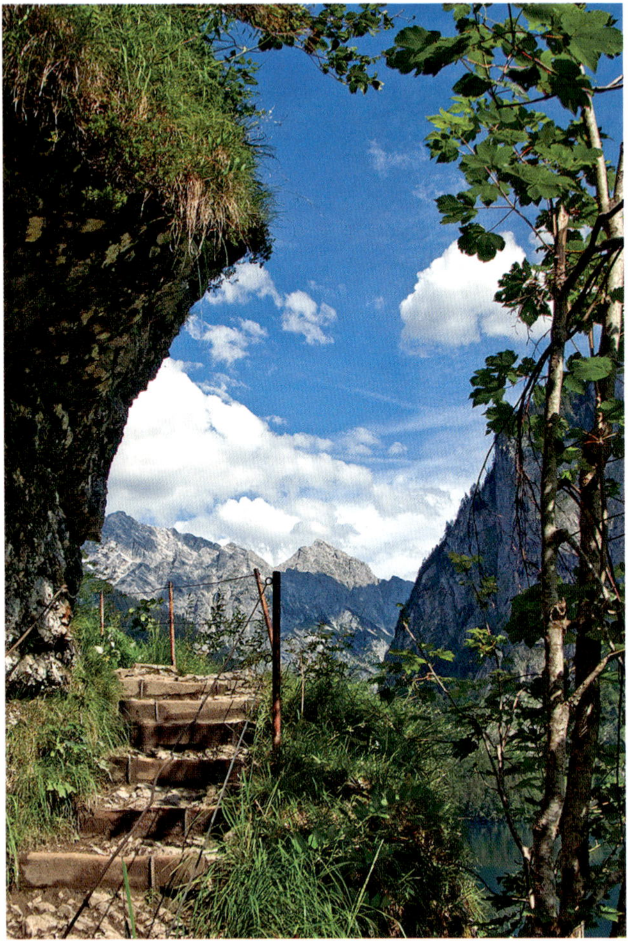

Aussichtsreiche Wegstelle am Obersee.

Nach 45 Minuten erreichen wir direkt unterhalb von Felsen eine mit Holzstufen versehene **Treppe** 04, die, mit Geländer und Drahtseil gesichert, zum höchsten **Wegpunkt** hinauf führt. Schöne Ausblicke hinüber zur Fischunkelalm. Anschließend wieder über Stufen bergab und schattig weiter bis zur **Wegverzweigung** 05, die rechts zum Röthsteig/Wasseralm weist.

Wir gehen durch das kurze Waldstück geradeaus weiter und erreichen in wenigen Minuten die **Fischunkelalm** 06, die am sonnigen Ufer des Obersees liegt. Zurück über den Hinweg.

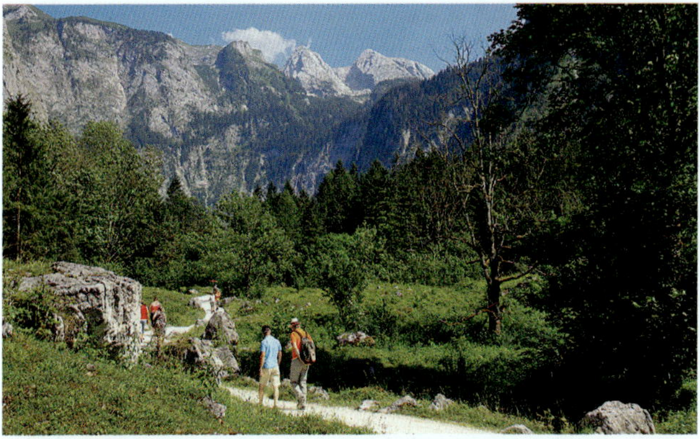

Auf dem Spazierweg von Salet zum Obersee.

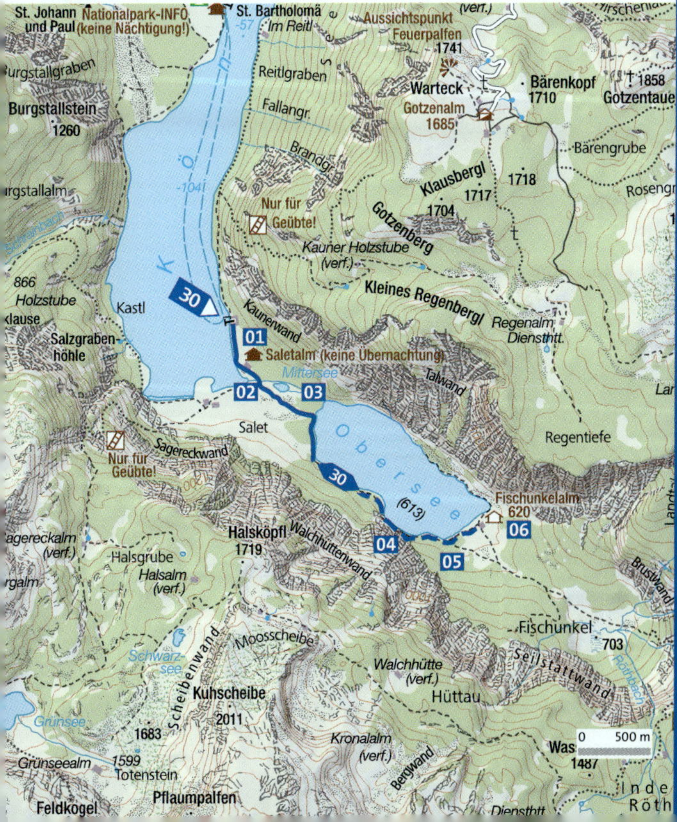

WASSERALM • 1416 m

Über wilden Steig zu versteckter Hütte

13,5 km | 6:30 h | 1012 hm | 1012 hm | 794

START | Anlegestelle Salet, 604 m
[GPS: UTM Zone 33 x: 347.450 m y: 5.265.500 m]
CHARAKTER | Gemächliche Wanderung bis zum Röthsteig, dann folgt ein steiler, kehrenreicher und naturwilder Steig, im oberen Teil schöne Wald- und Almpfade.

Wir folgen wie bei Tour 30 beschrieben dem Weg zum Obersee, zweigen aber kurz vor der **Fischunkelalm** 05 rechts ab zum **Röthsteig** 06. Zuerst durch Wald, dann über freie Almflächen streben wir dem Talschluss zu. Direkt vor uns der imposante Röthbach-Wasserfall. Im Wald geht es dann recht steil und kehrenreich nach oben, teilweise mit Drahtseilstellen.

Nach rund 1,5 Std. gelangen wir zur **Verzweigung** 07, die links über **Landthal** zur Gotzenalm weist. Nach dieser Wegverzweigung wird der Steig noch etwas felsiger und wilder, mit immer wieder schönen Tiefblicken. Wir steigen auf eine Felswand zu, durch die es in einer Rinne über Felsstufen einen schmalen Durchschlupf nach oben gibt.

Anschließend geht es weniger steil durch üppigen Wald, wir folgen wenig später einem Bachlauf und erreichen eine **Hochfläche** 08.

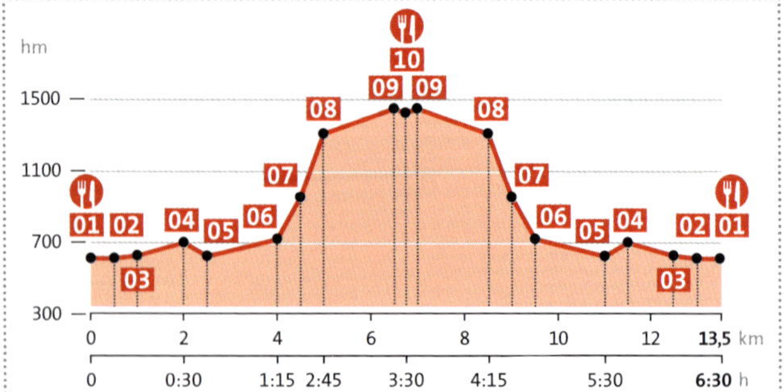

01 Salet, 604 m; 02 Abzweigung Sagerecksteig, 605 m; 03 Obersee/Hütte, 620 m; 04 Obersee/Treppe, 693 m; 05 Verzweigung Fischunkel, 617 m; 06 Beginn Röthsteig, 712 m; 07 Abzweig. Landthal, 945 m; 08 Hochfläche, 1300 m; 09 Abzweigung Lange Gasse, 1440 m; 10 Wasseralm, 1416 m

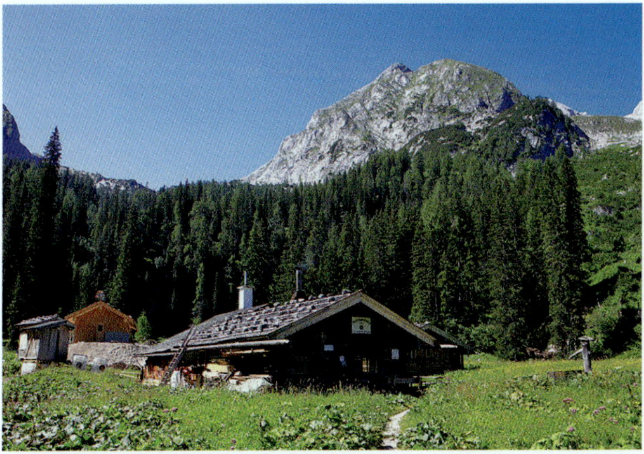

Die Wasseralm wurde 2015 erweitert.

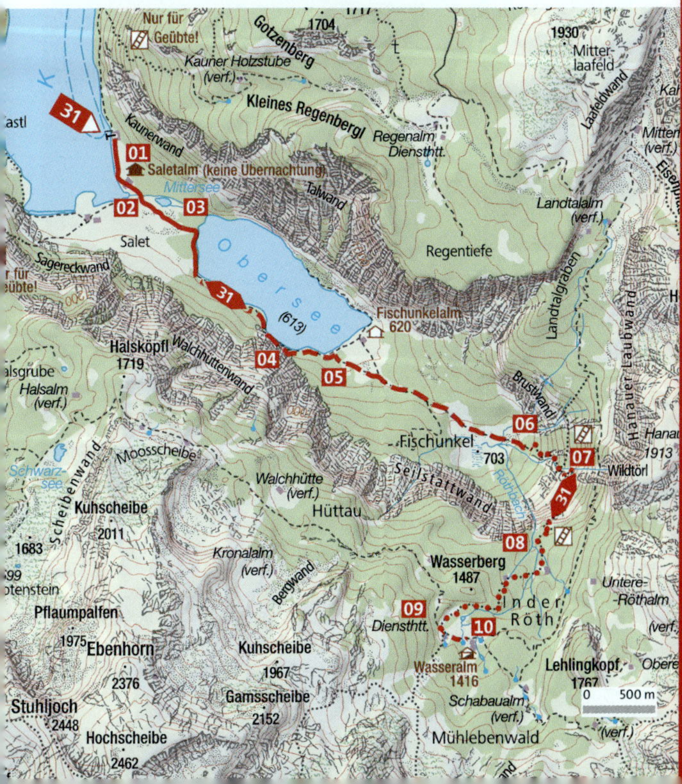

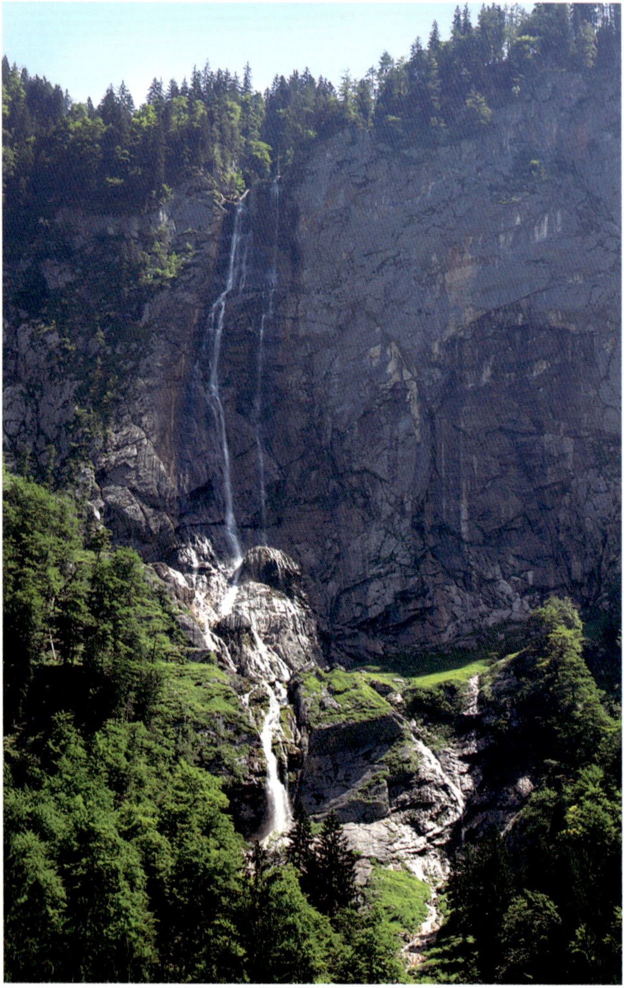

Weg zum Röthsteig, vor uns der Röthbachfall.

Nach gut über 3 Stunden sind links unten die Gebäude der Wasseralm zu sehen. Hier ist auch die Verzweigung nach rechts zum Halsköpfl/Funtensee und ein paar Meter weiter die **Abzweigung** 09 nach Niederbrunnsulzen (Lange Gasse). Wir aber wandern gemächlich nach links in den Almboden hinunter zur schön gelegenen **Wasseralm** 10, die mittlerweile durch zwei Anbauten zu einer respektablen Größe angewachsen ist. Der Anstieg verläuft wie der Abstieg.

RÖTHSTEIG – SAGERECKSTEIG

Große Panorama-Rundtour mit verträumten Seen und zwei anspruchsvollen Steigen

14,5 km | 6:45 h | 1163 hm | 1163 hm | 794

START | Anlegestelle Salet, 604 m
[GPS: UTM Zone 33 x: 347.450 m y: 5.265.500 m]
CHARAKTER | Sehr abwechslungsreiche, aber auch anstrengende Rundtour: Leichter Auftakt am Obersee, dann über den steilen Röthsteig zur Wasseralm (bietet Übernachtungsmöglichkeit), Höhenwanderung, mit der Abstechermöglicheit zum aussichtsreichen Halsköpfl. Der Abstieg führt über den schattigen Sagerecksteig zurück nach Salet. Abfahrtszeiten der Schiffe beachten, in Salet gibt es keine Übernachtungsmöglichkeit! Bei Nässe nicht zu empfehlen!

Nicht der Gipfel ist das Interessante an dieser Tour, obwohl das Halsköpfl – trotz seiner eher bescheidenen Höhe – eine wunderbare Aussicht auf den Königssee zu bieten hat, sondern es ist der Gesamtcharakter dieser Tour, die alles aufzuweisen hat, was man von einer schönen Bergwanderung erwartet: die Schifffahrt zum Ausgangspunkt, der leichte und wunderschöne Auftakt am idyllischen Obersee entlang, der Aufstieg über den steilen

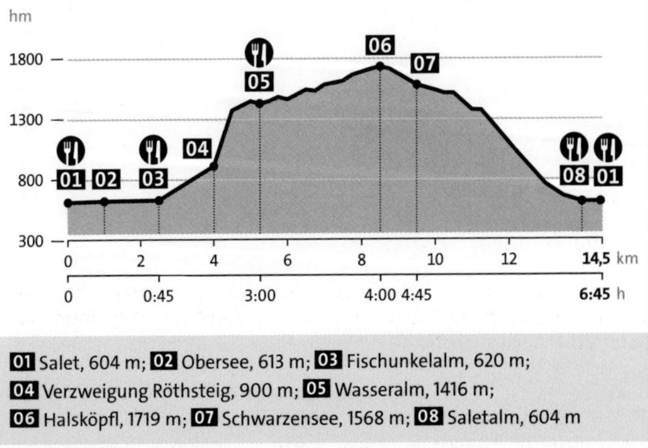

01 Salet, 604 m; 02 Obersee, 613 m; 03 Fischunkelalm, 620 m;
04 Verzweigung Röthsteig, 900 m; 05 Wasseralm, 1416 m;
06 Halsköpfl, 1719 m; 07 Schwarzensee, 1568 m; 08 Saletalm, 604 m

Röthsteig, mit Ausblicken zum imposanten Wasserfall und dem einladenden Zwischenziel Wasseralm.

Hier kann man aus dieser langen Tagestour auch gut eine angenehme 2-Tages-Tour machen. Wer jedoch über genügend Kondition und Zeit verfügt, der erreicht nach einer abwechslungsreichen Höhenwanderung den aussichtsreichen Halsköpflgipfel und steigt dann, den verträumten Schwarzensee passierend, über den stufenreichen und wilden Sagerecksteig hinab zur Anlegestelle, von der aus es mit dem Schiff zurück nach Königssee geht.

▶ Selbstverständlich starten wir in Königssee mit dem ersten Boot, um so früh wie möglich zur Anlegestation **Salet** 01 zu gelangen. Dort wandern wir auf dem markierten Weg zum **Obersee** 02 und am rechten Ufer dem wurzeligen Pfad folgend in den Fischunkelkessel und an der Abzweigung zur **Fischunkelalm** 03 vorbei weiter.

Der steile **Röthsteig** 04 bringt uns recht schnell hinauf und

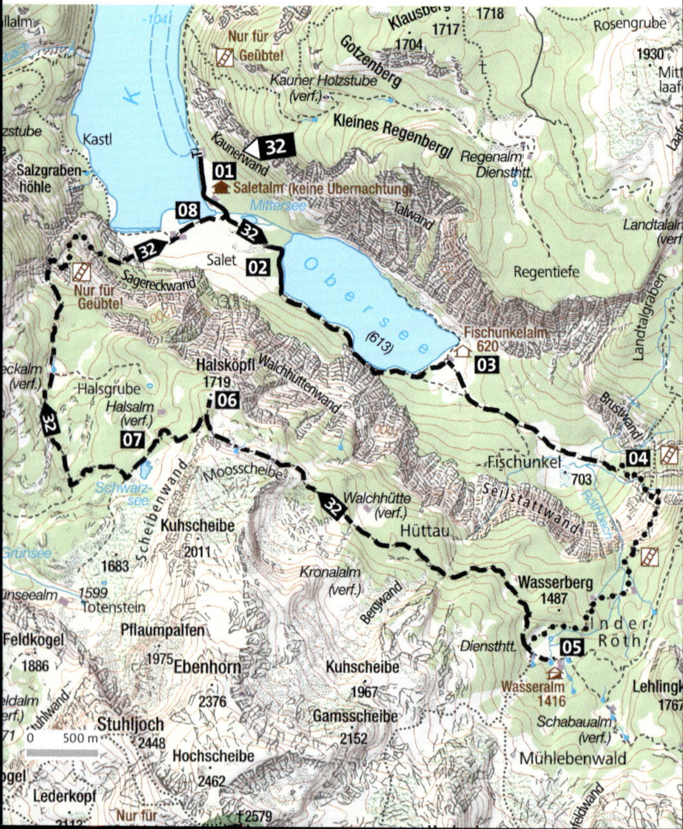

über flacheres und schattiges Waldgelände traversieren wir hinüber zur Wegverzweigung kurz oberhalb der bewirtschafteten **Wasseralm** 05. Hier können wir einkehren, bei Bedarf auch die Tour unterbrechen und übernachten.

Der Weiterweg führt in ständigem Auf und Ab als abwechslungsreiche zuletzt etwas stärker ansteigende Höhenwanderung, meist schön schattig, hinüber zum Sattel unterhalb des **Halsköpfl** 06. In wenigen Minuten gelangt man über einen steilen Hang auf den höchsten Punkt dieses kleinen, aber feinen Aussichtsberges.

Wieder hinab auf unseren Weg Nr. 416, einen Felsvorsprung umgehend, steigen wir anschließend zum kleinen, versteckt liegenden **Schwarzensee** 07 hinab und erreichen auch kurz darauf die Verzweigung mit dem Anstiegsweg vom Königssee zum Kärlingerhaus.

Wieder hinab auf unseren Weg Nr. 416, einen Felsvorsprung umgehend, steigen wir anschließend zum kleinen, versteckt liegenden **Schwarzensee** 07 hinab und erreichen auch kurz darauf die Verzweigung mit dem Anstiegsweg vom Königssee zum Kärlingerhaus.

Wir folgen der Markierung 422 nun rechts hinab und gelangen über die Hochfläche zum steileren und teilweise versicherten Sagerecksteig, der uns über viele Holzstufen und Kehren durch den schattigen Wald rasch hinableitet. Man hat beim Absteigen immer wieder schöne Ausblicke auf den Königssee, kann den Schiffsverkehr auf dem Wasser beobachten und somit sein Abstiegstempo entsprechend anpassen. Über Wiesen und vorbei an der **Saletalm** 08, die – wenn noch genügend Zeit vorhanden ist – zur Einkehr einlädt, erreichen wir die Anlegestelle **Salet** 01, wo unsere Fußwanderung endet.

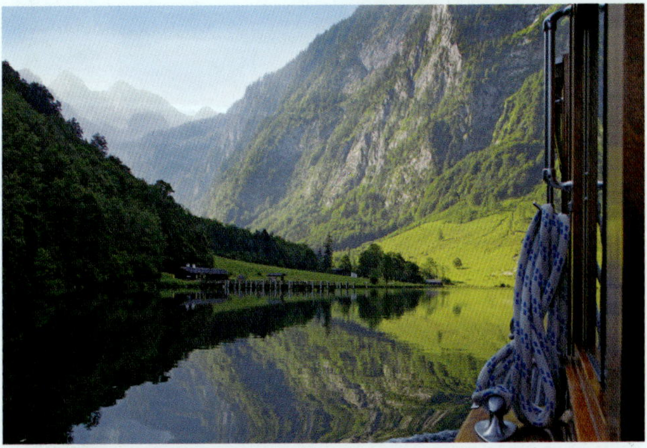

Das erste Boot bringt die Wanderer zum Ausgangspunkt Salet.

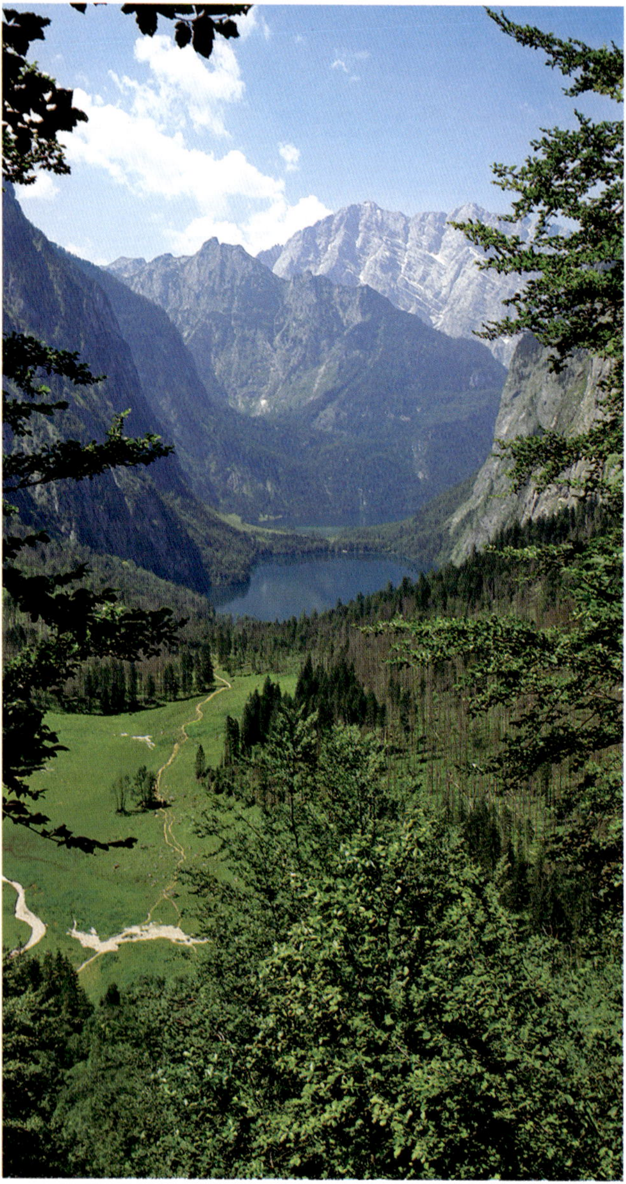
Blick vom Röthsteig hinab zum Anstiegsweg vom Obersee.

GRÜNSEE • 1470 m

Über den Sagerecksteig zu einem Naturidyll

10,5 km · 6:45 h · 986 hm · 986 hm · 794

START | Anlegestelle Salet, 604 m
[GPS: UTM Zone 33 x: 347.450 m y: 5.265.500 m]
CHARAKTER | Der Sagerecksteig ist steil und kehrenreich, mit vielen drahtseilgesicherten Holz- und Felsstufen. Tendiert je nach Verhältnissen bereits zu schwarz! Bei Nässe nicht zu empfehlen!

Obwohl der Sagerecksteig an den entscheidenden Stellen mit Drahtseilen und Eisenstiften versichert ist, sollte er nur bei guten und sicheren Verhältnissen begangen werden. Viele Stellen im schattigen Wald sind oft lange feucht und deshalb rutschig; auch sind einige Holzstufen und -treppen schon etwas baufällig. Der Steig ist mit Vorsicht und Respekt zu begehen.

▶ Von der Haltestelle **Salet** 01 wandern wir am See entlang, passieren den **Salet-Doppelkaser** 02 und steigen leicht ansteigend in den Wald hinauf. Der Steig verengt sich bald und bringt uns in engen Kehren und über viele Holz- und Felsstufen, die an entscheidenden Stellen mit Drahtseilen gesichert sind, in etwa 2 Std. zu einer **Hochfläche** 03.

Nach einer flachen, üppig bewachsenen Almwiese erreichen wir die **Verzweigung Wasseralm** 04 (links)/Kärlingerhaus (rechts). Wir halten uns rechts, steigen zuerst wieder etwas an, bis es dann flacher dahingeht. Der Steig führt

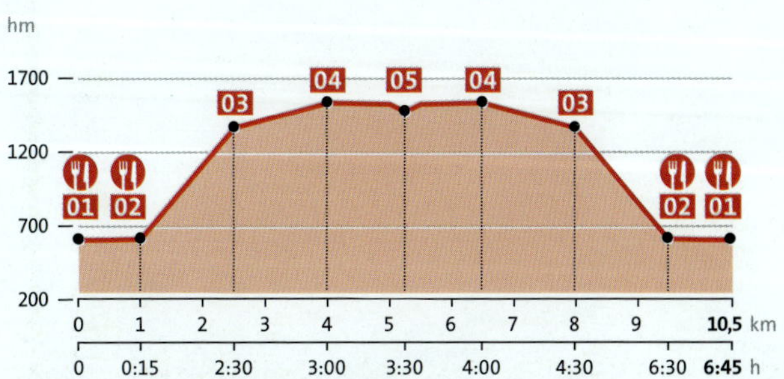

01 Salet, 604 m; 02 Salet-Doppelkaser, 610 m; 03 Hochfläche, 1360 m; 04 Verzweigung Wasseralm, 1530 m; 05 Grünsee, 1470 m

zwischen Felsen hindurch, unterhalb einer Felswand und wieder ansteigend über weitere Holzstufen. Plötzlich sieht man den **Grünsee** 05 vor sich liegen. Es sind nur wenige Meter, die man vom Weg nach links absteigt, um ans Seeufer zu gelangen. Der Rückweg verläuft wie der Hinweg.

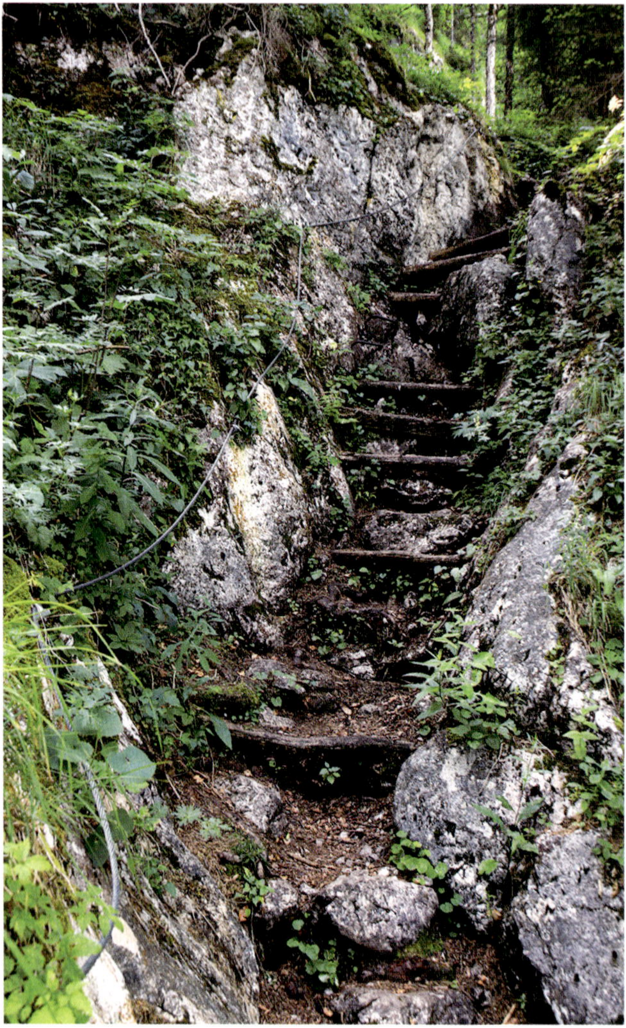

Der teilweise recht wilde Sagerecksteig.

Abstecher gefällig?

In Höhe des Grünsees kann man direkt vom Weg aus einem nicht markierten, kleinen Pfad ein kurzes Stück rechts aufwärts folgen und gelangt so zu einer großen, begehbaren Höhle, aus der man einen interessanten Tiefblick zum grün schimmernden See hat. Wer Zeit und Lust hat, kann beim Abstieg bei der oben genannten Verzweigung Richtung Wasseralm noch einen etwa 45-minütigen Abstecher zum Schwarzensee machen.

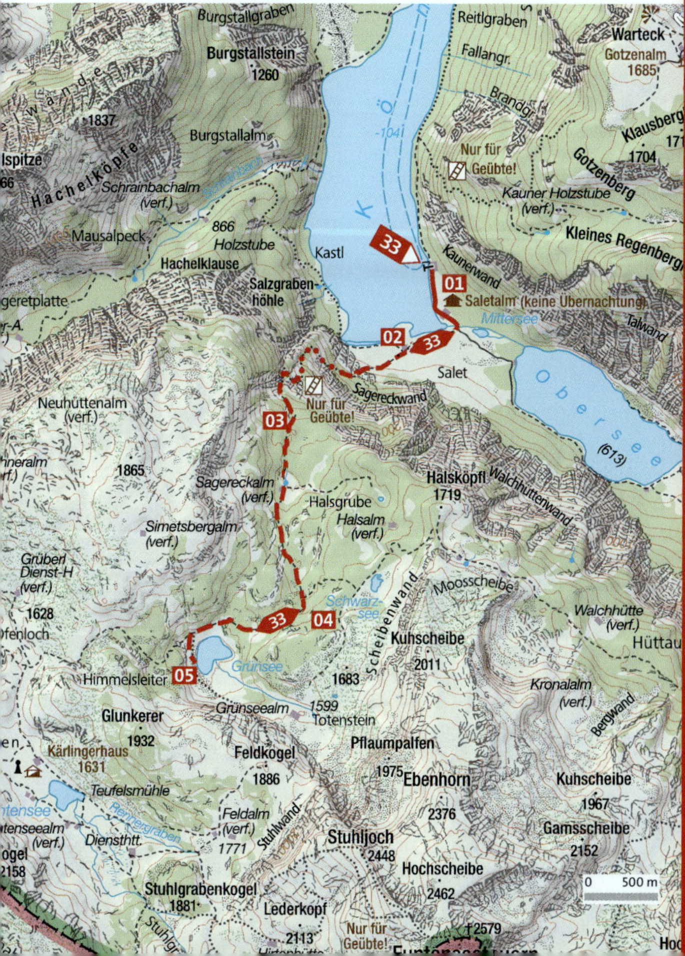

HALSKÖPFL • 1719 m

Feiner Aussichtsberg über den Königssee von Süden

11 km | 6:45 h | 1115 hm | 1115 hm | 794

START | Anlegestelle Salet, 604 m
[GPS: UTM Zone 33 x: 347.450 m y: 5.265.500 m]
CHARAKTER | Der Sagerecksteig ist steil und kehrenreich, mit vielen drahtseilgesicherten Holz- und Felsstufen. Tendiert je nach Verhältnissen bereits zu schwarz! Bei Nässe nicht zu empfehlen!

Wie bei Tour 33 beginnen wir unsere Wanderung in **Salet** 01 und wandern am **Salet-Doppelkaser** 02 vorbei. Über die steilen Kehren des Sagerecksteiges steigen wir zur **Hochebene** 03 hinauf und weiter, bis wir auf die beschilderte **Verzweigung** 04 Richtung **Wasseralm** treffen. Wir verlassen nun den Weg Nr. 422 und folgen nach links der Markierung Nr. 416. Das Halsköpfl ist mit 1,5 Std. ausgeschildert. Es geht sehr schattig und moderat ansteigend auf einem Waldpfad hoch, bis wir bald den **Schwarzensee** 05 erreichen. An dessen linkem Ufer führt an felsigen Platten und manchmal sehr feucht der Pfad entlang. Anschließend wird es etwas steiler, felsiger und kehrenreicher, bis wir nach einer Holztreppe einen Sattel und die **Verzweigung** 06 erreichen, die rechts zur **Wasseralm** weist.

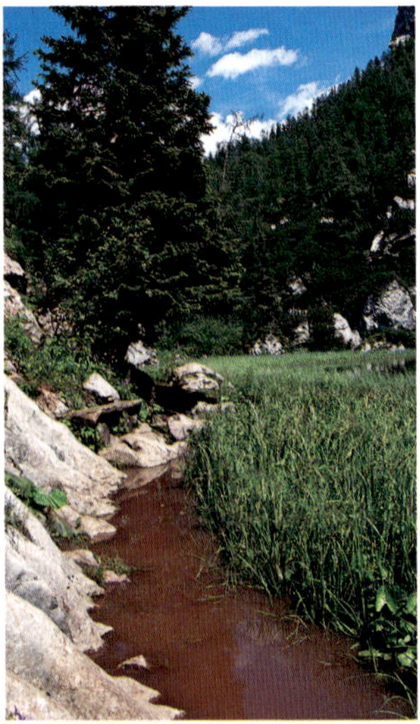

Der oft feuchte Weg am kleinen Schwarzensee entlang.

Der Anstieg zum **Halsköpfl** 07 verläuft links, zuerst über Felsen, dann durch ein kurzes Stück Wald und schließlich über einen grasigen Rücken. Den kahlen und unscheinbaren Gipfel schmückt nur eine rohgezimmerte Holzbank.

Allerdings bietet das Halsköpfl nicht nur einen herrlichen Panoramablick zu den umliegenden Bergen, sondern einen fantastischen Weitblick über den gesamten Königssee und einen ebenso schönen Tiefblick auf die Anlegestelle **Salet** 01. Der Rückweg verläuft wie der Hinweg.

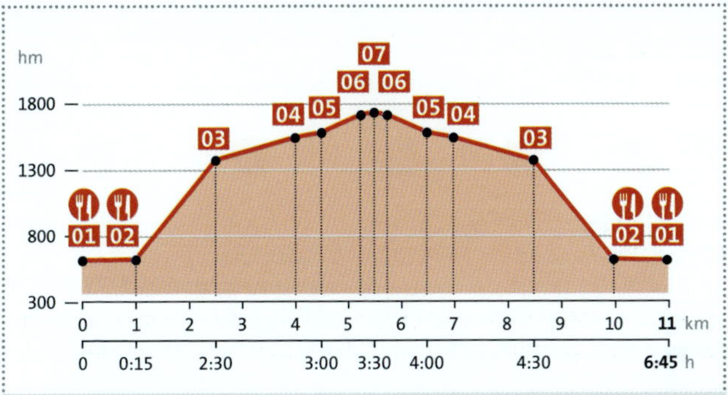

01 Salet, 604 m; 02 Salet-Doppelkaser, 610 m; 03 Hochfläche, 1360 m; 04 1. Verzweigung Wasseralm, 1530 m; 05 Schwarzensee, 1568 m; 06 2. Verzweigung Wasseralm, 1685 m; 07 Halsköpfl, 1719 m

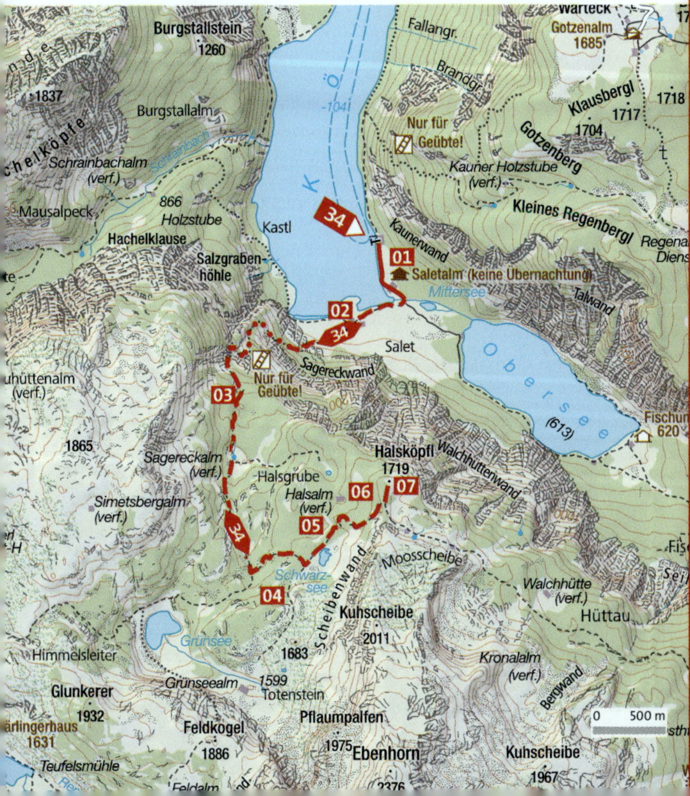

35

KÄRLINGERHAUS • 1631 m

Hüttenanstieg zum Kältepol Deutschlands

15 km | 7:45 h | 1309 hm | 1309 hm | 794

START | Anlegestelle Salet, 604 m
[GPS: UTM Zone 33 x: 347.450 m y: 5.265.500 m]
CHARAKTER | Der Sagerecksteig ist steil und kehrenreich, mit vielen drahtseilgesicherten Holz- und Felsstufen. Tendiert je nach Verhältnissen bereits zu schwarz! Bei Nässe nicht zu empfehlen!

Wir starten in **Salet** 01 und steigen wie bei Tour 33 beschrieben über den teils steilen Sagerecksteig hinauf zum **Grünsee** 05.
Wir bleiben nun auf dem schmalen Pfad und folgen den Markierungen zuerst relativ eben weiter. Aber bald geht es wieder über eine Steilstufe in Kehren hinauf. Es folgt dann ein zweiter Absatz, die so genannte Himmelsleiter, die in steilen Serpentinen überwunden wird. Der weitere Weg führt leicht ansteigend, dann fallend um den Fuß des links liegenden Glunkerer herum und bringt uns zum Sattel, von wo wir vor uns den Funtensee und das **Kärlingerhaus** 06 sehen.

Der Rückweg kann über den Feldkogel variiert werden, allerdings verlangt dieser Abstieg Orientierungssinn und Bergerfahrung. Etliche Stellen sind mit Eisenstiften versichert, die Markierung ist spärlich.

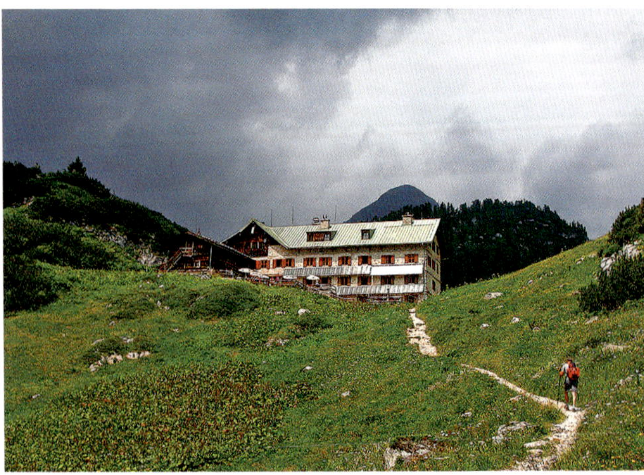

Über dem Kärlingerhaus kündigt sich schlechtes Wetter an.

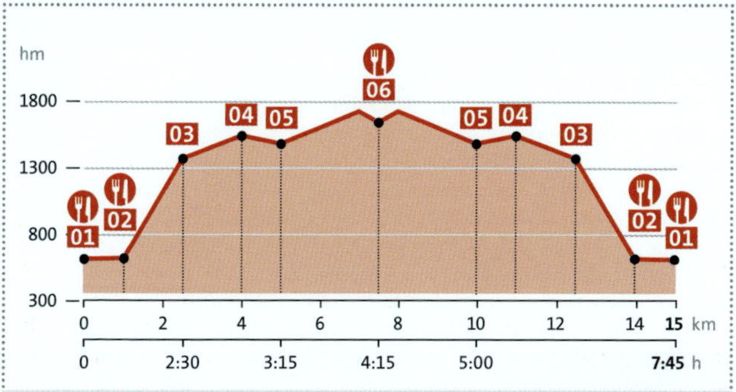

01 Salet, 604 m; 02 Salet-Doppelkaser, 610 m; 03 Hochfläche, 1360 m; 04 Verzweigung Wasseralm, 1530 m; 05 Grünsee, 1470 m; 06 Kärlingerhaus, 1631 m

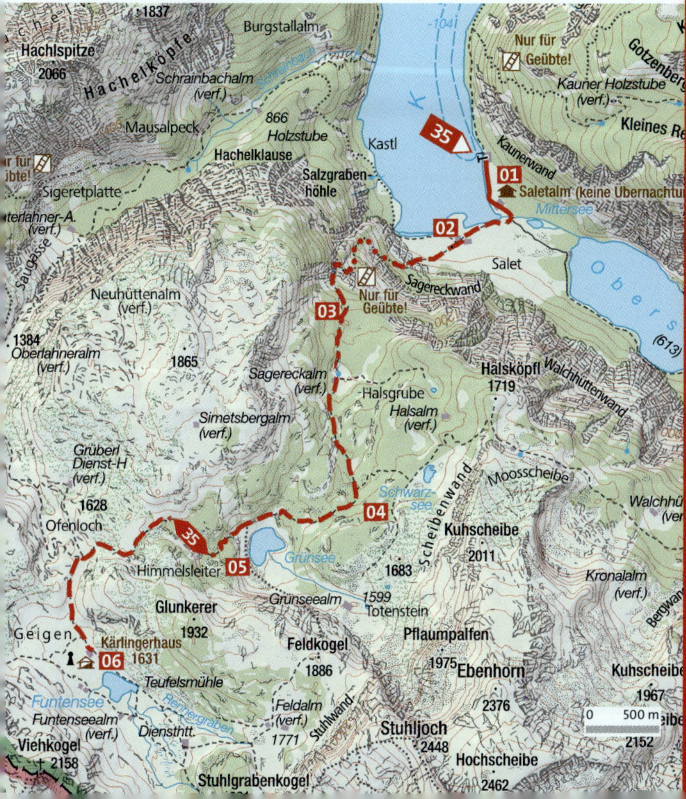

Kältepol Funtensee

Weihnachten 2001 wurden am Funtensee -45,9 °C gemessen, die tiefste in der Bundesrepublik je gemessene Temperatur. Erklärbar ist dieser extreme Wert durch die besondere Lage des Sees: Er ist rings von Bergen umschlossen und liegt in einem Becken. Im Winter können die Strahlen der tiefstehenden Sonne hier kaum eindringen. In klaren Nächten strahlt die Restwärme ab. Da die kalte Luft nicht abfließen kann, bildet sich ein Kaltluftsee.

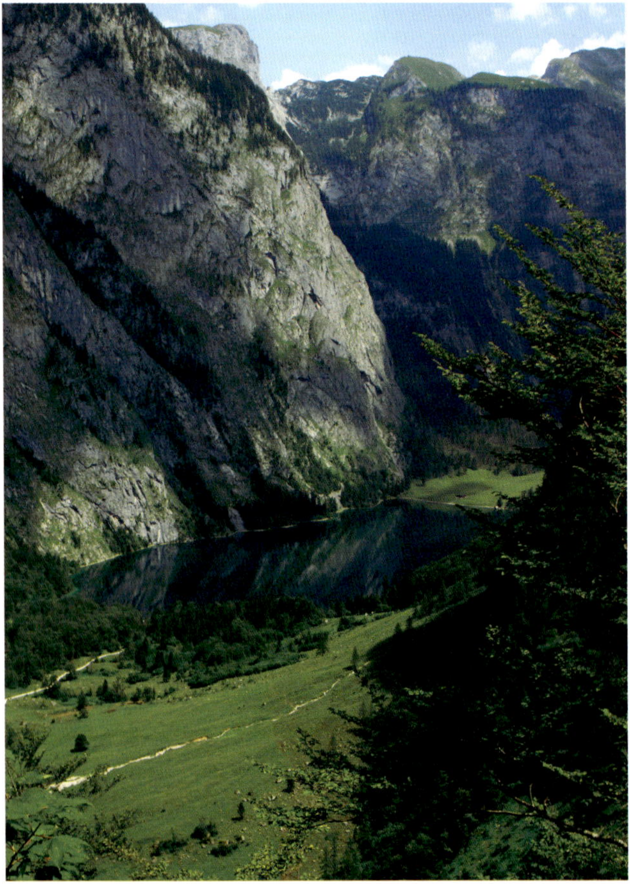

Blick vom Sagerecksteig hinab zum Obersee.

KÖNIGSSEE • 604 m
GOTZENALM • 1685 m

1. Etappe: Vom Königsseeufer ins hochgelegene Almgebiet

11 km | 4:30 h | 1250 hm | 175 hm | 794

START | Königssee, großer gebührenpflichtiger Parkplatz, 604 m [GPS: UTM Zone 33 x: 348.690 m y: 5.272.900 m]
CHARAKTER | Leichte Wanderung, mit steileren und der Sonne ausgesetzten Kehren nach der Gotzentalalm zur Gotzenalm hoch.

Leichte Wanderung, mit steileren und der Sonne ausgesetzten Kehren nach der Gotzentalalm zur Gotzenalm hoch.

▶ Vom **Parkplatz Königssee** 01 wandern wir auf Asphalt an der **Jenner Talstation** 02 vorbei, folgen der Beschilderung zur Königsbachalm nach links, passieren das **Cafe Hochbahn** 03 und lassen die Häuser und den Asphalt hinter uns. Leicht steigend wandern wir nach einer scharfen Rechtskurve unter der Jennerbahn hindurch, überqueren einen sonnigen Skihang und tauchen in den Wald ein. In leichtem Auf und Ab geht es meist schattig berghoch, bis wir die **Verzweigung** 04 mit dem Kiesweg zur Mittelstation erreichen. Parallel zum Bach folgen wir dem breiten Weg zur **Königsbachalm** 05.

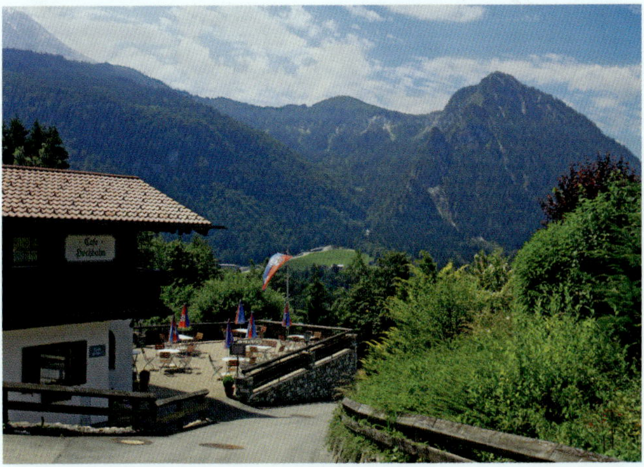

Der Hochbahnweg führt am Café Hochbahn vorbei.

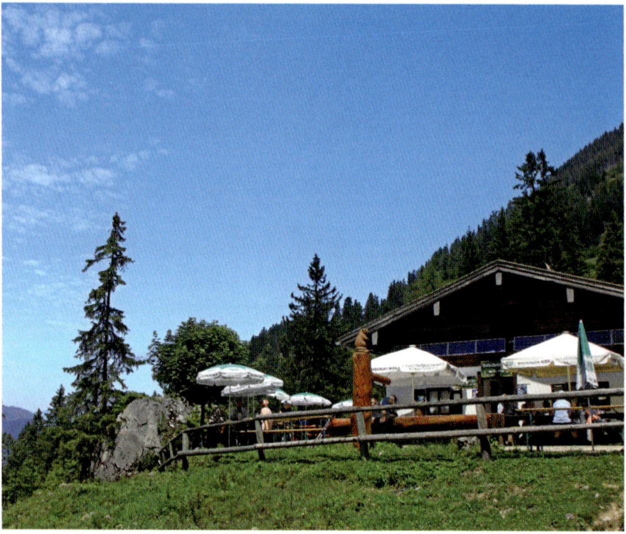

Die Königsbachalm.

Nach der Königsbachalm nehmen wir den Weg, der nach der Kurve links – anfangs steiler – abbiegt, und uns dann ohne großen Höhenunterschied zur **Gotzentalalm** 06 bringt. Der anfangs sonnige Weg verläuft zum Schluss schön schattig im Wald. Sonnig – und auch etwas schweißtreibender – wird es dann wieder auf dem breiten Fahrweg, der über teils steilere Kehren zur **Gotzenalm** 07, unserem ersten Übernachtungsziel, hochführt.

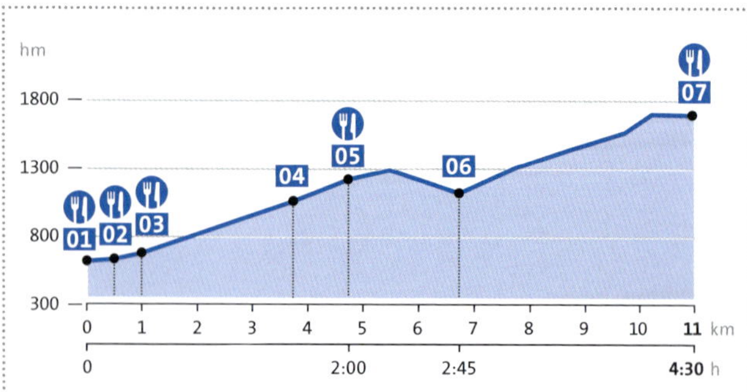

01 Parkplatz Königssee, 610 m; 02 Jenner Talstation, 625 m; 03 Café Hochbahn, 670 m; 04 Abz. Hochbahnweg, 1050 m; 05 Königsbachalm, 1240 m; 06 Gotzentalalm, 1110 m; 07 Gotzenalm, 1685 m

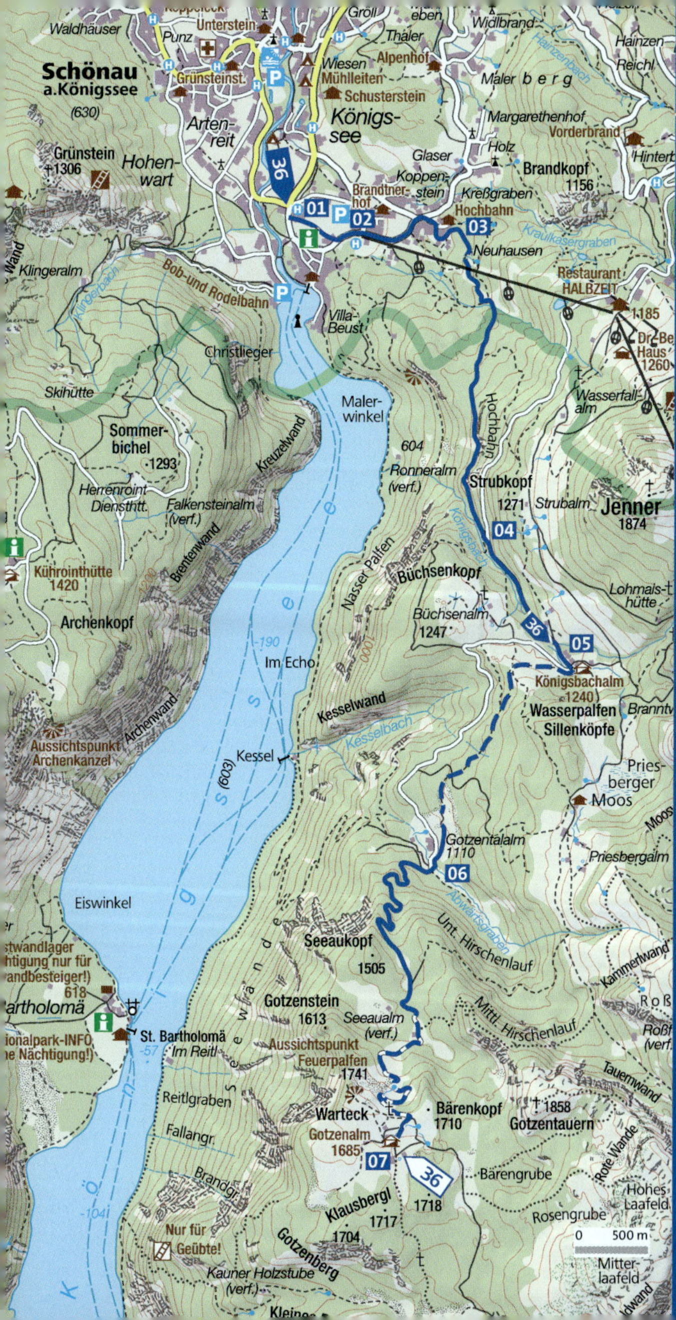
Waldhäuser
Punz
Unterstein
Groll
eben
Widlbrand
Thaler
Alpenhof
Wiesen
Mühlleiten
Schusterstein
Schönau
a.Königssee
(630)
Grünsteinst.
Arten-
reit
Königs-
see
Hainzen
Reichl
Maler berg
Margarethenhof
Vorderbrand
Hinterb
Grünstein
1306
Hohen-
wart
36
Glaser
Holz
Koppen-
stein
Brandkopf
1156
Brandtner-
hof
Kreßgraben
Hochbahn
01
02
03
Neuhausen
Kraulkasergraben
Restaurant
HALBZEIT
1185
Dr.-Be
Haus
1260
Wand
Klingeralm
Bob-und Rodelbahn
Villa-
Beust
Christlieger
Skihütte
Maler-
winkel
Wasserfall-
alm
Sommer-
bichel
1293
Kreuzelwand
604
Ronneralm
(verf.)
Hochbahn
Strubkopf
1271
Strubalm
Jenner
1874
Herrenroint
Dienstht.
Falkensteinalm
(verf.)
04
Königsbach
Brentenwand
Kührointhütte
1420
Nasser Palfen
Büchsenkopf
Lohmais-
hütte
Archenkopf
Büchsenalm
1247
36
05
-190
Im Echo
Königsbachalm
1240
Wasserpalfen
Sillenköpfe
Branntw
Kesselwand
Aussichtspunkt
Archenkanzel
Archenwand
Kesselbach
Kessel
(603)
Pries-
berger
Moos
Gotzentalalm
1110
06
Priesbergalm
Eiswinkel
Abwärtsgraben
Unt. Hirschenlauf
Seeaukopf
1505
stwandlager
htigung nur für
andbesteiger!)
618
artholomä
Gotzenstein
1613
Seeaualm
(verf.)
Mittl. Hirschenlauf
Kammerlwand
Roß
Roßf
(verf.
ionalpark-INFO
e Nächtigung!)
St. Bartholomä
-57
Im Reitl
Aussichtspunkt
Feuerpalfen
1741
Tauernwand
Reitlgraben
Warteck
Bärenkopf
1710
1858
Gotzentauern
Fallangr.
Gotzenalm
1685
07
36
Bärengrube
Rote Wände
Brandgr.
Hohes
Laafeld
-104
Klausbergl
1717
1718
Rosengrube
1704
0
500 m
Nur für
Geübte!
Gotzenberg
Kauner Holzstube
(verf.)
Mitter-
laafeld
Kleine

37

GOTZENALM • 1685 m
WASSERALM • 1416 m

2. Etappe: Durch den Landtalgraben und das Wildtörl in die Röth

9,5 km | 3:30 h | 340 hm | 609 hm | 794

START | Gotzenalm, 1685 m
[GPS: UTM Zone 33 x: 349.220 m y: 5.266.810 m]
CHARAKTER | Schöner Wanderweg Richtung Regenalm, dann leichter Waldpfad in den Landgraben, der zum Schluss steiler und kehrenreicher bergab führt. Nach dem Abzweig, der rechte Weg verläuft unterhalb zum Röthsteig, traversiert der schattige Pfad, meist ansteigend, den Waldhang. Abschüssige Stellen und Leiterpassagen sind mit Drahtseil versichert.

Von der **Gotzenalm** 01 folgen wir der Ausschilderung zur Wasseralm. Der etwas steinige Wanderweg führt uns durch eine Drehtüre, kurz vor der **Verzweigung Regenalm** 02, wir halten uns links und steigen in den Wald hoch. Durch eine Senke und anschließend eine freie Lichtung halten wir uns weiter hoch zum Wald, an dessen Ende eine weite Linkskehre beginnt. Wir traversieren an den Felsen entlang hinab in den Landtalgraben, überqueren eine Brücke und stoßen nach schottrigen Kehren auf die

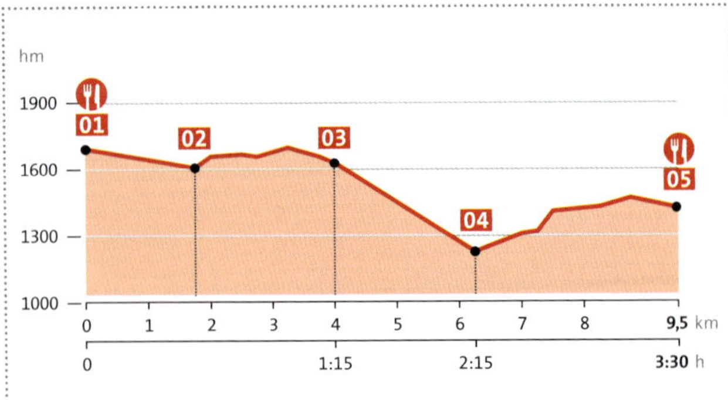

01 Gotzenalm, 1685 m; 02 Verzw. Regenalm, 1600 m; 03 Verzw. Landgraben, 1620 m; 04 Abzweig, 1220 m; 05 Wasseralm, 1416 m

Verzweigung 03 mit dem Weg, der rechts zum Hochschirrsattel hinauf führt. Wir halten uns rechts und steigen stetig abwärts Richtung Wald. Vorbei an den Überresten der verfallenen Landtalalm, überqueren wir mehrfach den begleitenden Bach und wandern den schmalen, teils wurzeligen und kehrenreichen Pfad weiter bergab. In einer flacheren Passage treffen wir auf den **Abzweig 04**, der rechts hinab Richtung Saletalm

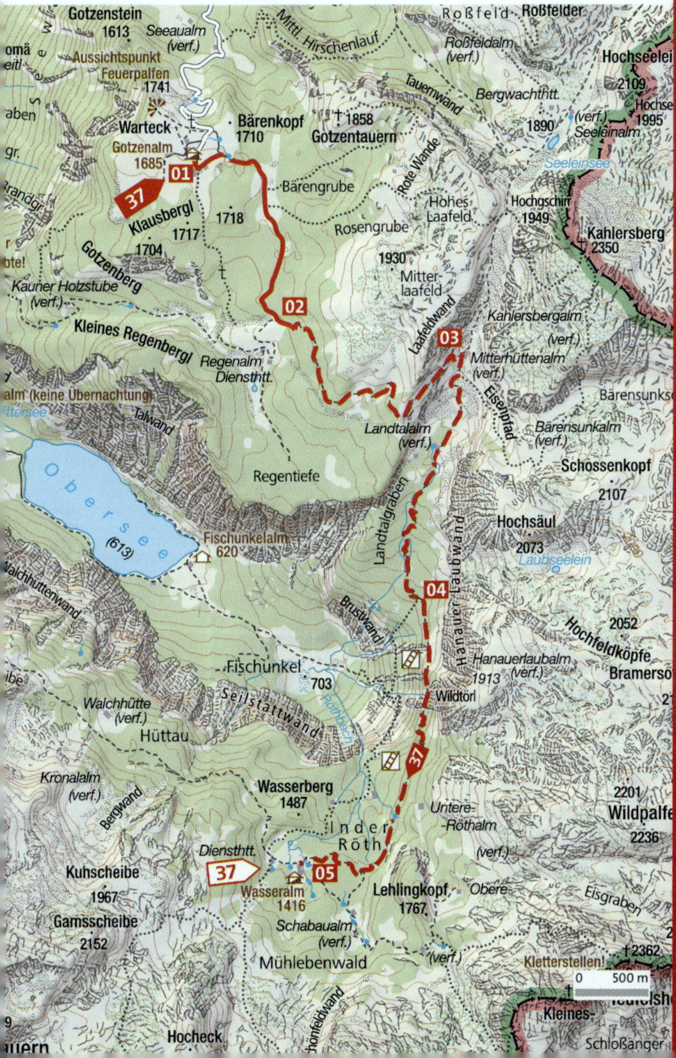

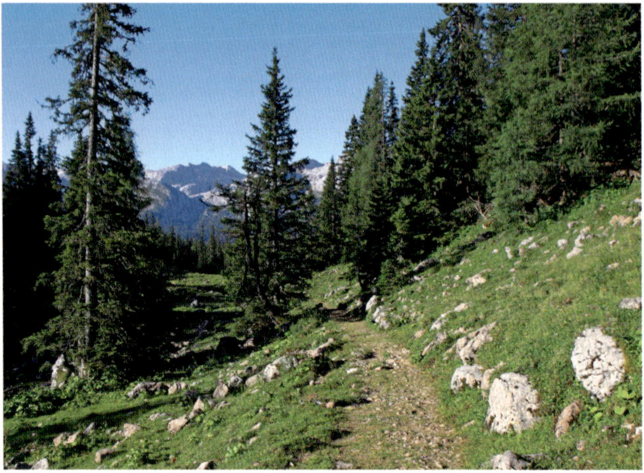

Kurz nach der Gotzenalm auf dem Weg Richtung Regenalm.

markiert ist. Wir bleiben geradeaus und traversieren, bald wieder ansteigend, am meist schattigen Waldhang entlang. Neben schönen Tiefblicken rechts hinab zu Ober- und Königssee ist vor uns auch der Röthbachfall zu erkennen. Steilere und abschüssigere Stellen sind mit Drahtseil versichert, auch Holztreppen erleichtern immer wieder den Aufstieg. Zum Schluss fällt der Weg wieder etwas ab, wir verlassen den Wald und erreichen eine große Lichtung. Nach wenigen Metern tauchen, in einer traumhaften Naturkulisse eingebettet, die Gebäude der **Wasseralm** 05 vor uns auf; das zweite Übernachtungsziel ist erreicht.

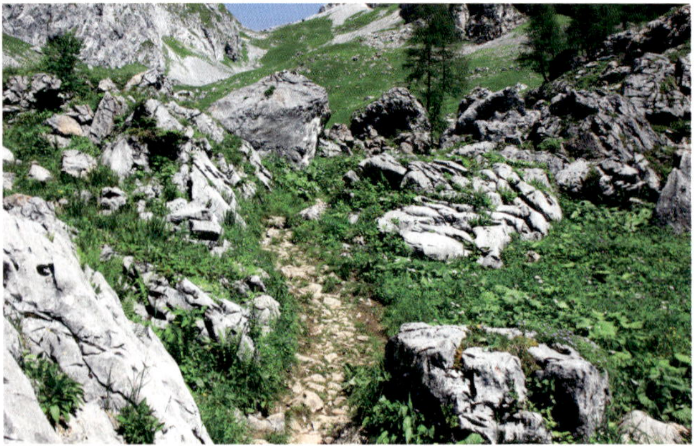

Im oberen Bereich des Landtalgrabens, hinten der Hochgschirrsattel.

WASSERALM • 1416 m
KÄRLINGERHAUS • 1631 m

3. Etappe: Aussichtstour zwischen Königssee und Steinernem Meer

7,75 km | 2:45 h | 556 hm | 341 hm | 794

START | Wasseralm, 1416 m
[GPS: UTM Zone 33 x: 349.850 m y: 5.262.080 m]
CHARAKTER | Herrliche Höhenwanderung ohne großen Höhenunterschied, schmale Pfade führen aussichtsreich unterhalb von Felsen am Hang entlang, dann kehrenreicher den Wald hinab zu den beiden Seen und wieder in Serpentinen hoch zum Kärlingerhaus.

Von der **Wasseralm** 01 überqueren wir die Wiesen Richtung Wald und folgen dort den Markierungen zum Halsköpfl. Der schmale Pfad führt durch Wald hoch, durchquert eine Talsenke und steigt dann in Kehren leicht an. Der teils felsige Pfad führt in stetem Auf und Ab unterhalb der Felsen am Hang entlang, an manchen Stellen sind Drahtseile zur Sicherheit eingehängt, passiert die **Abzweigung** 02 zum Halsköpfl und führt über eine Holztreppe und dann in Kehren durch den Wald bergab zum **Schwarzensee** 03. Am manchmal feuchten Ufer entlang geht es weiter über den moderat abwärts führenden Waldsteig zur **Verzweigung** 04 mit dem Sager-

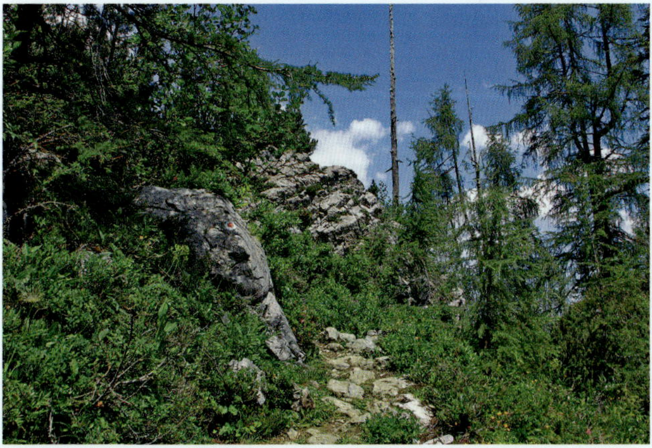

Auf dem Weg von der Wasseralm zum Kärlingerhaus.

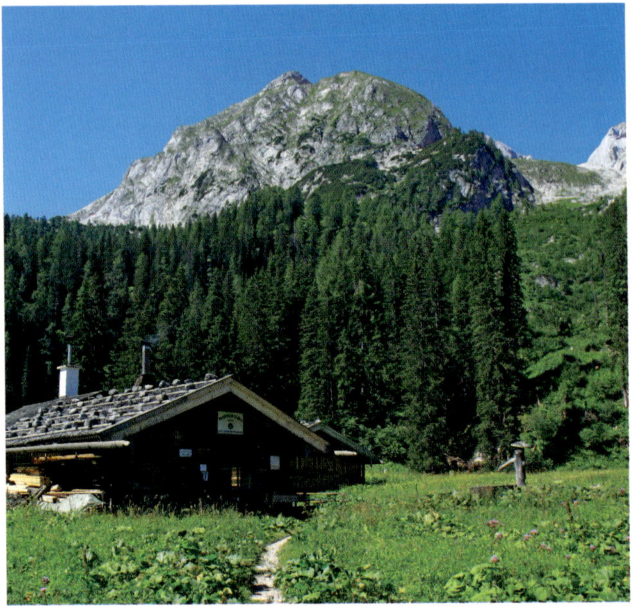

Die Wasseralm.

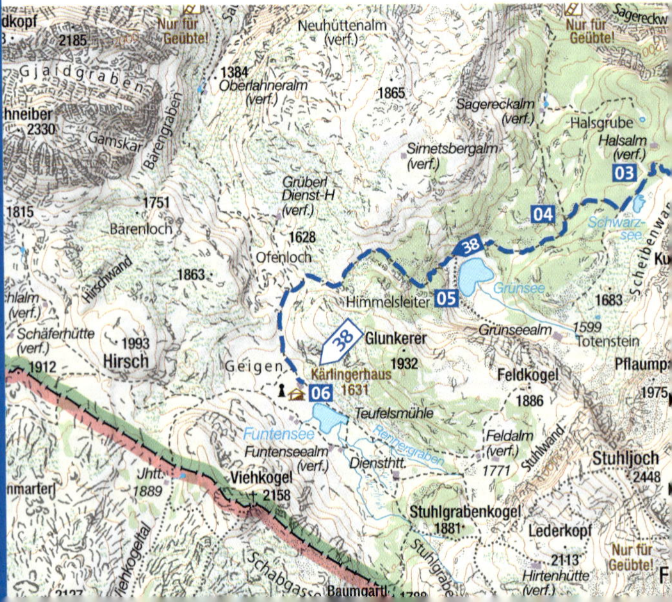

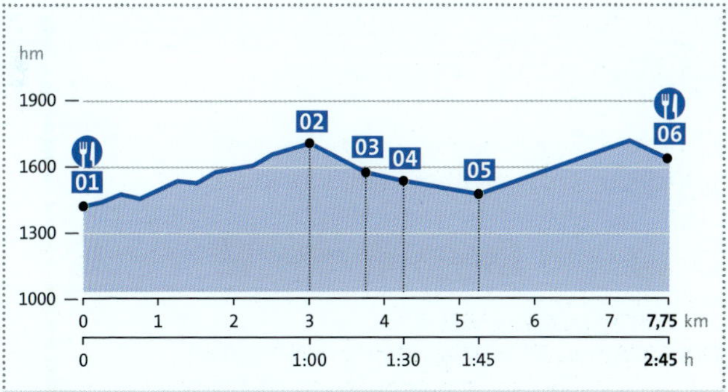

01 Wasseralm, 1416 m; **02** Abzw. Halsköpfl, 1700 m; **03** Schwarzensee, 1568 m; **04** Abzw. Sagerecksteig, 1530 m; **05** Grünsee, 1470 m; **06** Kärlingerhaus, 1631 m

ecksteig. Wir halten uns links, steigen zunächst wieder etwas an, dann wird es flacher. Zwischen Felsen hindurch und wieder aufwärts über Holzstufen erreichen wir den **Grünsee** 05. Weiter auf dem anfangs flachen Steig folgen zwei steilere Absätze, die über mehrere Kehren überwunden werden, bis wir über einen Sattel wieder leicht absteigen zum vor uns liegenden dritten Übernachtungsziel: dem **Kärlingerhaus** 06 mit dem dahinter sichtbaren Funtensee.

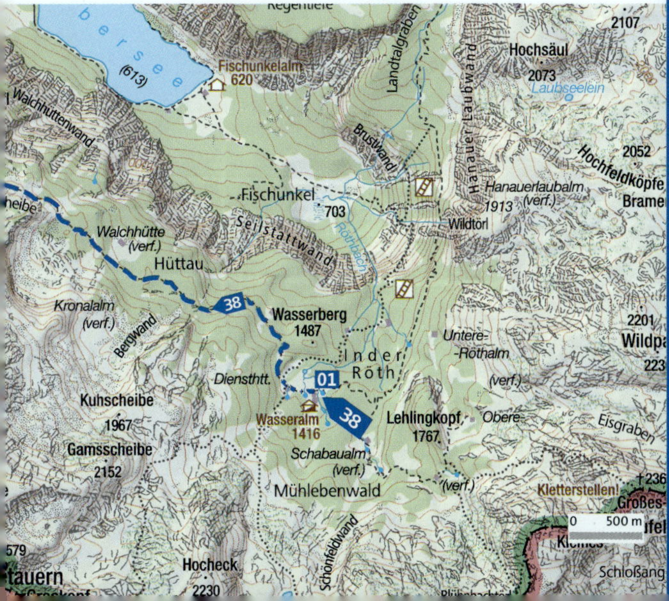

39

KÄRLINGERHAUS • 1631 m
KÜHROINTHÜTTE • 1420 m

4. Etappe: Die Königsetappe mit langem Ab- und knackigem Aufstieg über St. Bartholomä

14,75 km | 5:30 h | 880 hm | 1091 hm | 794

START | Kärlingerhaus, 1631 m
[GPS: UTM Zone 33 x: 344.640 m y: 5.262.300 m]
CHARAKTER | Zwei anstrengende Steige, die kehrenreiche und sonnige Saugasse im Abstieg und der felsige, an manchen Stellen etwas ausgesetzte Rinnkendlsteig im Aufstieg, verlangen die entsprechende Aufmerksamkeit und Kondition. Beide Steige sind ausreichend versichert und bei trockenen Verhältnissen für geübte Berggeher problemlos zu begehen.

Vom **Kärlingerhaus** 01 marschieren wir leicht ansteigend durch die Wiesen hoch zur Kuppe, halten uns links und folgen der Beschilderung Richtung St. Bartholomä. Nach moderatem Abstieg erreichen wir bei der verfallenen **Oberlahneralm** 02 das obere Ende der Saugasse und haben nun einen sehr steilen, kehrenreichen und sonnigen Abstieg vor uns. Nach über 30 engen Ser-

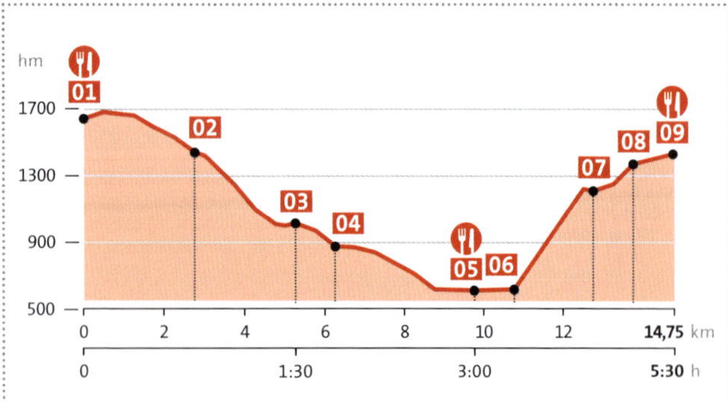

01 Kärlingerhaus, 1631 m; 02 Oberlahneralm, 1430 m; 03 Verzw. Trischübel, 1005 m; 04 Schrainbachalm, 866 m; 05 St. Bartholomä, 604 m; 06 Rinnkendl-Einstieg, 610 m; 07 Flachpassage, 1200 m; 08 Abzw. Archenkanzel, 1360 m; 09 Kührointhütte, 1420 m

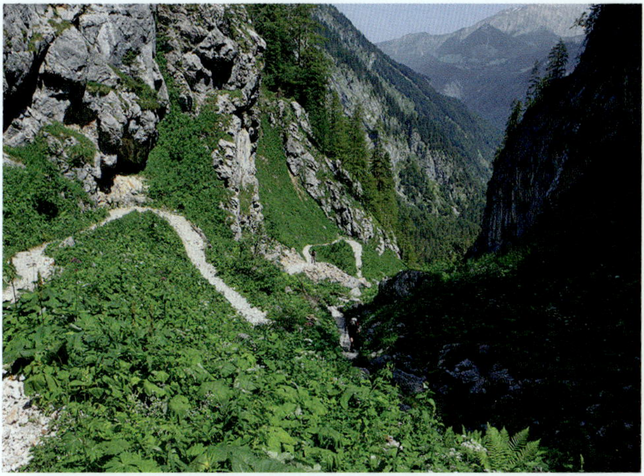

Der obere Einstieg in die kehrenreiche Saugasse.

pentinen verläuft der Weg dann weniger steil durch Wald- und über Almgelände, wir passieren die **Abzweigung** 03 zum Trischübel und stoßen auf die **Schrainbachalm** 04. Nun folgt eine weitere steilere Passage, ein breiter Weg bringt uns auf vielen Kehren an Felsen und Wasserfällen vorbei hinab zu den Sandflächen des Eisbachs, ans Ufer des Königssees und schließlich nach **St. Bartholomä** 05.

Weiter am Seeuferweg entlang, vorbei am Denkmal für die bayerische Prinzessin Marie Gabriele und dem Abzweig zum Rundweg gelangen wir zum **Einstieg** in den **Rinnkendlsteig** 06. Ein schmaler Pfad führt links hoch in den Wald und kurz nach Querung einer freien Fläche stoßen wir auch auf die erste Drahtseilversicherung. Am Hang entlang geht es teils etwas ausgesetzt, aber an entscheidenden Stell-en mit Drahtseil gesichert über Holz- und Felsstufen in Serpentinen aufwärts. Schattige Abschnitte wechseln mit recht sonnigen Passagen ab und immer wieder bieten sich fantastische Tiefblicke hinab zum Königssee. Nach einem ersten flacheren, sogar leicht abfallenden Querstück steigen wir wieder an, Eisentritte unterstützen uns. Wir traversieren am Hang entlang, überqueren eine kleine Schlucht mit Hilfe von Eisentritten und nach einer weiteren Steilstufe berghoch, geht es nach einer weiteren **Flachpassage** 07 dann deutlich bergab. Zunächst über eine Holzleiter, dann in mehreren Serpentinen, verlieren wir einiges an Höhenmetern. Der Schlussanstieg erfolgt dann in einer breiten Schlucht, wo uns eine Holztreppe mit Drahtseilsicherung nach oben leitet. Es folgen weitere Stufen und Serpentinen durch ein oft recht feuchtes Waldstück, bis es flacher wird und wir auf einer Kuppe die **Abzweigung** 08 rechts zur **Archenkanzel** erreichen.

Wir halten uns links und folgen dem gekiesten Pfad, der sich verbreitert und uns zu einem freien Platz führt. Hier verlassen wir den breiten Weg und bleiben links auf einem schmaleren Pfad. Über eine Forststraße hinweg, folgen wir weiter dem geröllligen Pfad, durchschreiten eine pflanzenreiche Senke und von der nächsten Kuppe aus sehen wir dann die Gebäude der Kühroint vor uns. Über Almwiesen geht es gemütlich hinüber zu unserem nächsten Übernachtungsziel, der **Kührointhütte** 09.

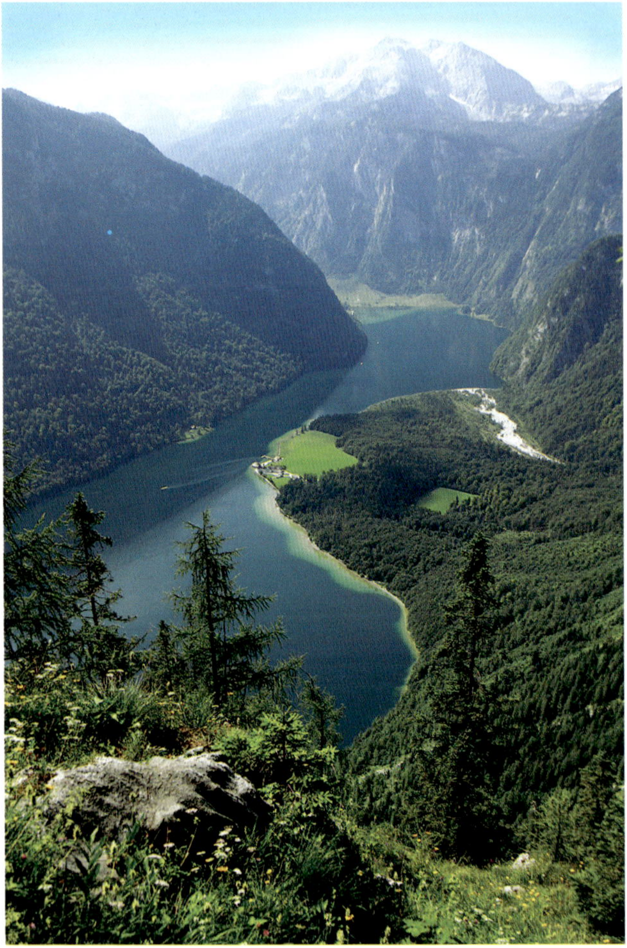

Rinnkendlsteig: Tiefblick zum Königssee und St. Bartholomä.

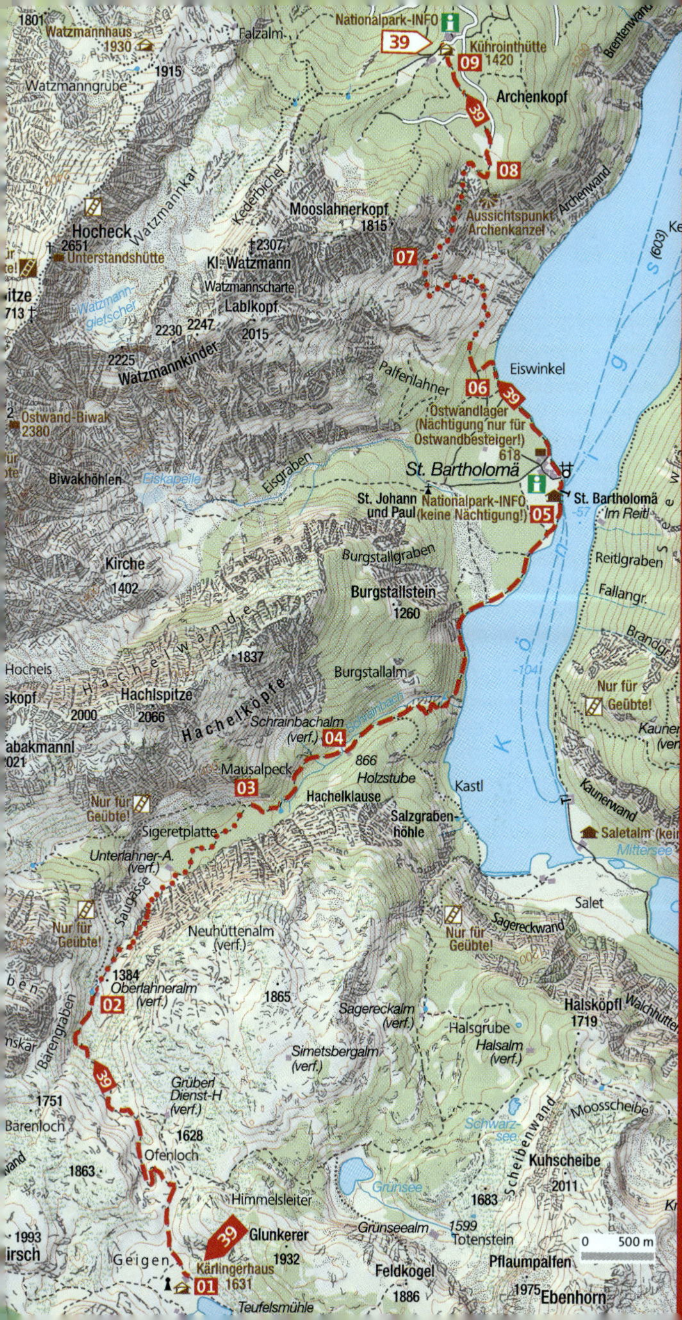
Nationalpark-INFO
39
Kührointhütte 1420
09
Watzmannhaus 1930
1801
Falzalm
1915
Watzmanngrube
Archenkopf
08
Brentenwand
Kederbichel
Watzmannkar
Mooslahnerkopf 1815
Aussichtspunkt Archenkanzel
Archenwand
Hocheck 2651
Unterstandshütte
2307
Kl. Watzmann
Watzmannscharte
07
Watzmann-gletscher
Lablkopf
2230
2247
2015
2225
Watzmannkinder
Palfenlahner
Eiswinkel
06
Ostwand-Biwak 2380
Ostwandlager (Nächtigung nur für Ostwandbesteiger!)
618
St. Bartholomä
Biwakhöhlen
Eiskapelle
Eisgraben
St. Johann und Paul
Nationalpark-INFO (keine Nächtigung!)
05
St. Bartholomä
Im Reit
Burgstallgraben
Reitlgraben
Kirche
1402
Burgstallstein 1260
Fallangr.
Brandgr.
Hachelwände
1837
Hocheis
Burgstallalm
Nur für Geübte!
Hachlspitze 2066
2000
Hachelköpfe
Schrainbachalm (verf.)
04
Schrainbach
Kauner
Mausalpeck
866
Holzstube
03
Hachelklause
Kastl
Kaunerwand
Nur für Geübte!
Salzgraben-höhle
Saletalm
Sigeretplatte
Mittersee
Unterlahner-A. (verf.)
Saugasse
Salet
Nur für Geübte!
Neuhüttenalm (verf.)
Nur für Geübte!
Sagereckwand
1384
Oberlahneralm (verf.)
02
1865
Sagereckalm (verf.)
Halsgrube
Halsköpfl 1719
Bärengraben
Simetsbergalm (verf.)
Halsalm (verf.)
39
Grüberl Dienst-H (verf.)
1751
Barenloch
1628
Schwarz-see
Moosscheibe
Ofenloch
Scheibenwand
Kuhscheibe
1863
Grünsee
2011
Himmelsleiter
1683
39
Glunkerer
Grünseealm
1599
Totenstein
1993
0
500 m
Geigen
Kärlingerhaus
1932
Feldkogel
Pflaumpalfen
01
1631
Teufelsmühle
1886
1975
Ebenhorn

KÜHROINTHÜTTE • 1420 m
KÖNIGSSEE • 604 m

5. Etappe: Über die Grünsteinhütte zurück ans Wasser

6,75 km 2:00 h 56 hm 866 hm 794

START | Kührointhütte, 1420 m
[GPS: UTM Zone 33 x: 347.430 m y: 5.267.620 m]
CHARAKTER | Der Höhenweg von der Kühroint zur Grünsteinhütte verläuft über einen breiten Forstweg und einen schönen, etwas wurzeligen Waldpfad; der Abstieg zum Königssee ist anfangs ein kehrenreicher, aber gut zu begehender Steig, der dann in einen breiten Kiesweg und schließlich in einen Asphaltweg einmündet.

Wir beginnen unsere Schlussetappe an der **Kührointhütte** 01 und wandern auf der breiten Kiesstraße bis zu einer Verzweigung. Hier folgen wir links der Markierung zur Grünsteinhütte, einem ebenfalls breiten Kiesweg, der in großen Kehren bergab führt. Nach einer scharfen Linkskurve, bei einer Vogelskulptur links am Weg, verlassen wir den Fahrweg und biegen nach rechts auf einen markierten, schmalen Waldpfad ab. Der schattige Höhenweg führt ohne allzu große Höhenunterschiede durch den Wald, wir stoßen auf die Abzweigung rechts nach Königssee hinab, und geradeaus ist nach einem kurzen Aufstieg in wenigen Minuten die **Grünsteinhütte** 02 erreicht.

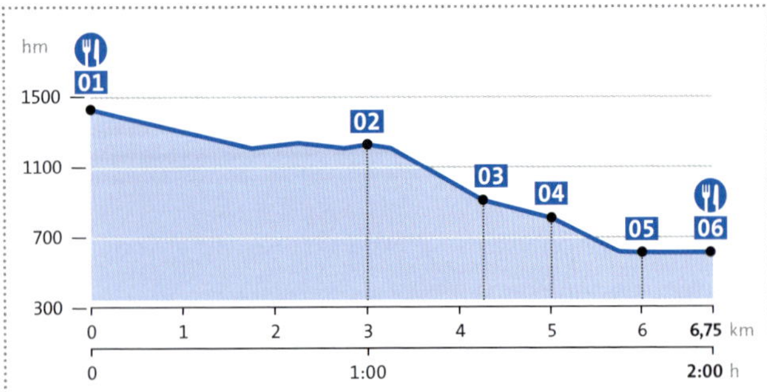

01 Kührointhütte, 1420 m; 02 Grünsteinhütte, 1220 m;
03 Kiesweg Klingeralm, 900 m; 04 Abzw. Rodelbahnweg, 800 m;
05 Brücke, 604 m; 06 Parkplatz Königssee, 610 m

Zurück zur Verzweigung, verläuft der weitere Abstieg dann über den kehrenreichen Steig hinab nach Königssee. Nach etlichen Serpentinen stoßen wir auf den breiten **Kiesweg** 03, der von der Klingeralm herabkommt, passieren die Einstiegsstelle zum Grünstein-Klettersteig und folgen den abwärtsführenden Kehren zum oberen Ende der Bobbahn. Hier können wir rechts auf einen schmalen Pfad ausweichen und direkt zur Bobbahn absteigen. Wir folgen nun dem asphaltierten Weg, vorbei an der **Abzw. Rodelbahnweg** 04, entlang der Eisbahn bis zum Königssee-Ufer hinab, halten uns links, überqueren die Königsseer Ache auf der **Holzbrücke** 05 und wandern am Ufer entlang zum Hafengelände und zum **Parkplatz Königssee** 06 zurück.

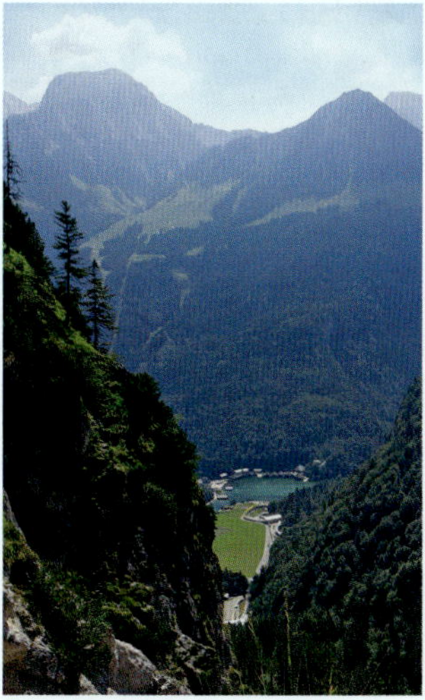

Blick von der Grünsteinhütte hinab zum Königssee.

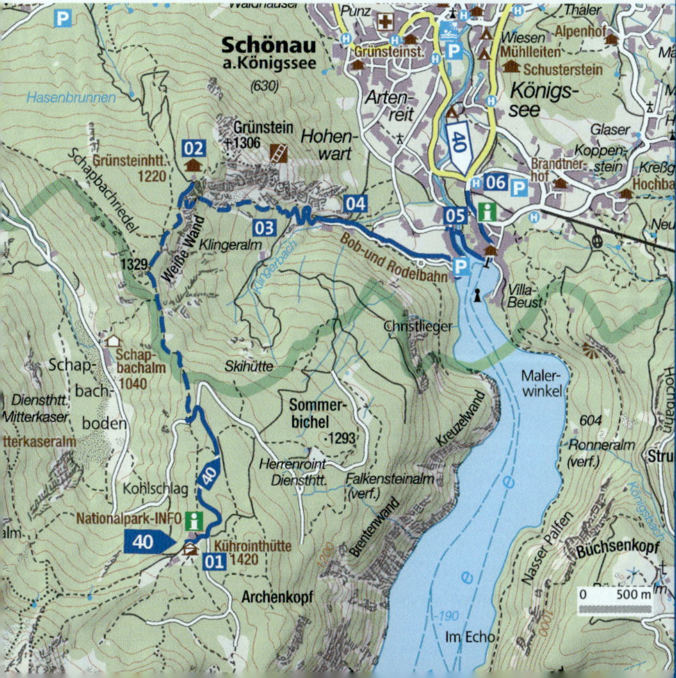

41

SCHÜTZENSTEIG

Neuer Klettersteigspaß am Kleinen Jenner

1,5 km | 1:45 h | 232 hm | 232 hm | 794

START | Jenner Bergstation, 1802 m
[GPS: UTM Zone 33 x: 351.450 m y: 5.271.080 m]
CHARAKTER | Kurzer und eher leichter Klettersteig, mit schnellem Zustieg; Helmpflicht und Klettersteigausrüstung. Aufgrund der Baumaßnahmen an der neuen Jennerbahn ist der Schützensteig voraussichtlich bis Sommer 2018 geschlossen.
Infos unter: www.jennerbahn.de

Der leicht erreichbare, kurze und sehr gut gesicherte Schützensteig ist ideal für Einsteiger und auch für Kinder. Die Sicherungen sind für kleine Körpergrößen ausgerichtet und die Schwierigkeiten des seit Mai 2015 bestehenden Klettersteigs insgesamt eher mäßig.

▶ Von der **Jenner Bergstation** **01** (1802 m) steigen wir auf dem breiten Teerweg und über Treppenstufen bergab zu einer Verzweigung. Nach links ist der Schützensteig ausgeschildert. Weiter auf dem asphaltierten Weg, unter dem Lift hindurch, der von der Mitterkaseralm hochkommt. Der Asphaltweg geht in einen Kiesweg über, und nach links, beim **Startplatz** **02** (1680 m) der Gleitschirmflieger, ist der Zustieg zum Klettersteig markiert. Ein schmaler Pfad führt leicht bergab zu einer Sitzbank

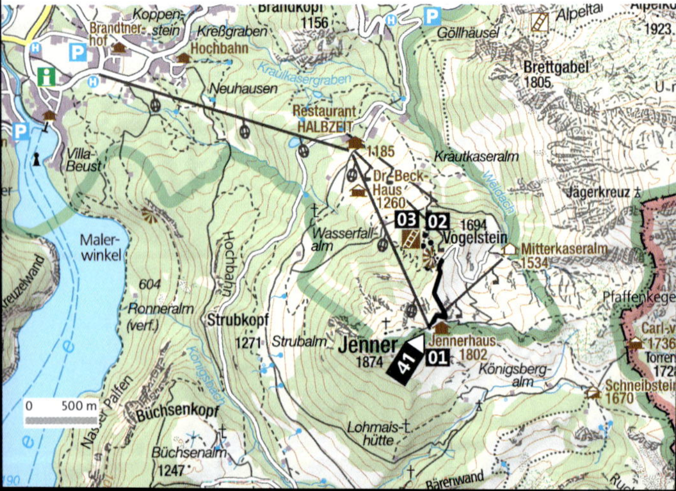

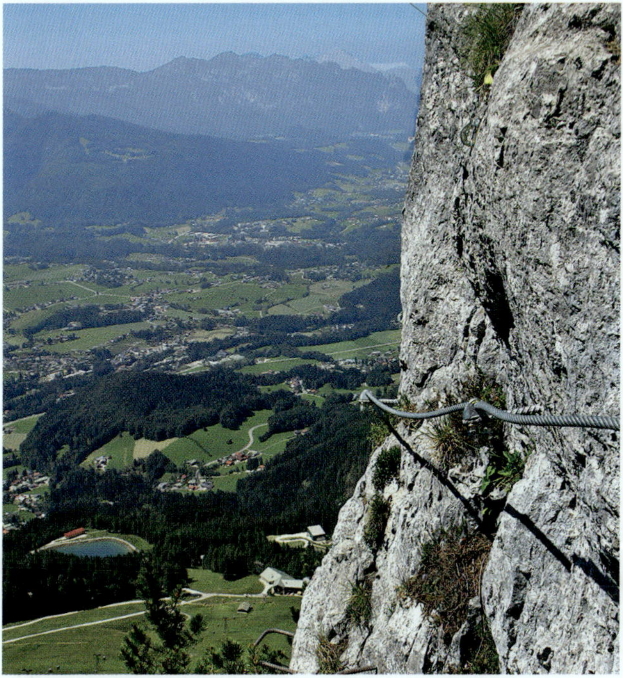

Exponierte Stelle am Schützensteig.

unterhalb des mit einem Kreuz versehenen Gipfel des Kleinen Jenners. Hier ist der Ausstieg des Schützensteigs.

Wir steigen auf einem schmalen Waldpfad in Serpentinen bergab, folgen der Beschilderung, passieren den Notausstieg und erreichen schließlich eine Infotafel am **Einstieg** **03** (1570 m) des Klettersteigs. Steil bergab folgt mit dem „Wampenschreck" eine enge und ausgesetzte Stelle, anschließend können Mutige mit der „Flying Fox" ein paar Meter über dem Abgrund baumeln. Wer sich das nicht zutraut, kann diese Stelle auch umgehen. Nach Überqueren der „Hängebrücke" geht es links hoch zum Notausstieg. Der Weiterweg führt gut gesichert an ausgesetzten Wandstellen vorbei zu steilen Holzstufen, luftigen Pfeilerstellen und schließlich zum Aufschwung am felsigen Gipfelgrat. Eine ausgesetzte Ruhebank, das „Bürgermeister-Bankerl", bietet knapp unter dem Gipfelkreuz des Kleinen Jenners eine fantastische, wenn auch etwas schwindlige Aussicht hinab zum Königssee und rechts hinüber zu den Berchtesgadener und Chiemgauer Bergen. Über den Gipfel steigen wir am Drahtseil ab zur Sitzbank und über den Zustiegspfad wieder hoch zum Kiesweg, der uns an den Gleitschirmfliegern vorbei zurück zur **Jenner Bergstation** **01** führt.

GRÜNSTEIN-KLETTERSTEIG

Die leichtere Isidor-Variante am Grünstein

7,25 km 5:00 h 708 hm 708 hm 794

START | Königssee, großer gebührenpflichtiger Parkplatz, 610 m [GPS: UTM Zone 33 x: 348.690 m y: 5.272.900 m]
CHARAKTER | Längerer Klettersteig mit schwierigen und anstrengenden Passagen; Helmpflicht und Klettersteigausrüstung.

Die Isidor-Variante ist zwar die leichteste von drei Steigen, aber auch sie besitzt einige steile Wandabschnitte und ausgesetzte Passagen. Trittsicherheit, Schwindelfreiheit und eine entsprechende Kondition sind Voraussetzung, um auf diesem seit 2009 eröffneten Sportklettersteig mit Genuss den Grünsteingipfel zu erreichen.

▶ Vom **Königssee Parkplatz** 01 (610 m) wandern wir zum Hafengelände und nach rechts am Ufer entlang. Über die **Holzbrücke** 02 (604 m) und geradeaus weiter über die Wiesen erreichen wir den Rodelbahnweg und gelangen am Waldrand entlang zur Bobbahn. Am oberen Ende der Bobbahn folgen wir dem schmalen Pfad, der uns zur breiten Kiesstraße hochbringt und nach einigen Kehren stehen wir vor einer Infotafel und der markierten **Abzweigung** 03 (900 m) zum Grünstein-Klettersteig. Wenige Meter hoch halten wir uns links (zur leichteren Isidor-Variante, nach rechts ist die schwierigere Variante ausgeschildert) und stoßen an der Felswand zum Einstieg und den ersten Versicherungen.

Über eine recht steile Einstiegspassage folgen wir dem durchgehenden Stahlseil über Eisenstufen nach oben. Rechts drüben sind die Begeher der schweren Tour in Sichtweite und gut zu sehen. Nach einem ausgeprägten Köpferl können wir über uns schon die Hängebrücke erkennen, wo sich die schwere Variante mit dem Isidorweg trifft. Nach der luftigen Brücke (die auf dem Isidorweg nicht begangen werden muss) geht es zunächst etwas flacher an der Wand entlang, bevor wieder steilere Felspassagen überwunden werden müssen. An der Felswand entlang gelangt man schließlich auf einen aussichtsreichen Sattel, der mit einer Bank ausgestattet ist und zur wohlverdienten Rast einlädt, bevor die letzten Vorgipfel überstiegen werden. Wenn die Messstation über uns auftaucht, liegen die letzten, einfachen Anstiegsmeter vor uns. Kurz darauf ist der breite Gipfelrücken des **Grünsteins** 04 (1306 m) erreicht und wir genießen ein prachtvolles Rundumpanorama.

Der Abstieg verläuft links hinab durch den Wald zur nahen **Grünsteinhütte** 05 (1220 m) und dann ein kurzes Stück links am Abhang vorbei bis zur Abzweigung links hinab zum Königssee. Auf einem kehrenreichen Pfad geht es durch den Wald abwärts, bis wir wieder auf die Kiesstraße treffen, kurz oberhalb der **Abzweigung 03** zum Klettersteig. Auf dem Anstiegsweg kehren wir zurück zum Königssee und zu unserem Ausgangspunkt am **Parkplatz 01**.

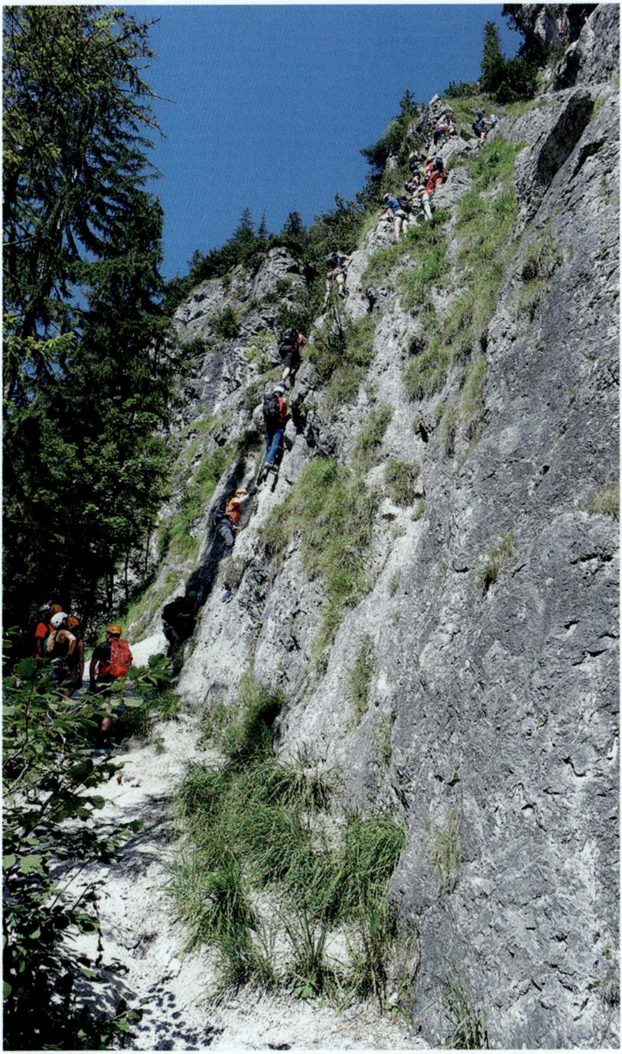

Getümmel am Einstieg des Grünstein-Klettersteigs.

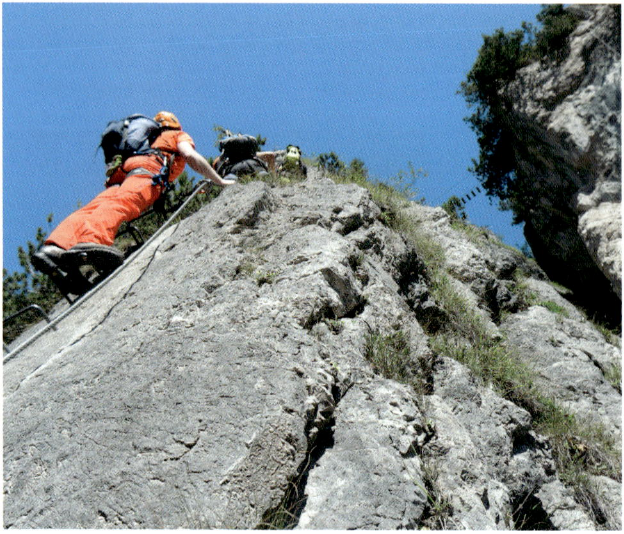

Steilstufe unterhalb der oben sichtbaren Hängebrücke.

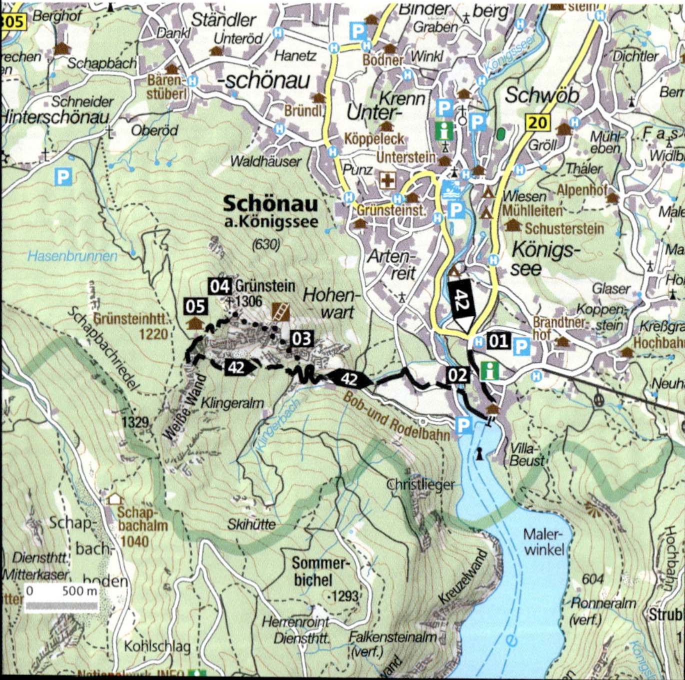

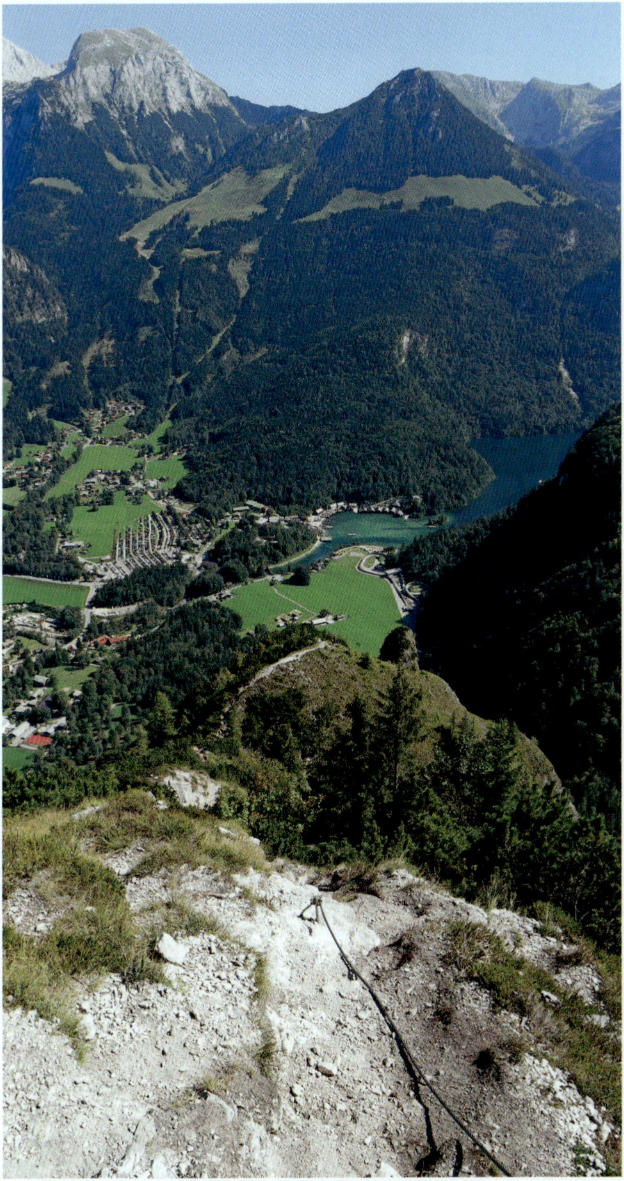

Tiefblick vom Klettersteig-Ausstieg ins Tal hinab.

ALLES AUSSER WANDERN

Allgemeiner Hinweis: Es ist möglich, dass Sehenswürdigkeiten aufgrund der aktuellen Corona-Vorschriften geschlossen sind.

MEINE TIPPS . . .

> für Kletterfreunde

DAV Alpin- und Kletterzentrum Bischofswiesen/Strub
Das Kletterzentrum Bergsteigerhaus Ganz gehört mit über 200 Routen und 2.000 m² Kletterfläche (inkl. Boulderhalle) zu den größten in der Region. Täglich geöffnet von 10–22 Uhr, Ausrüstung und Material kann gegen Gebühr ausgeliehen werden. Watzmannstraße 4, 83483 Bischofswiesen, Tel. +49 (0) 8652/9764620, www.kletterzentrum-berchtesgaden.de

> für Kultur- und Naturinteressierte

Haus der Berge
Neben der (kostenpflichtigen) Dauerausstellung „Vertikale Wildnis" werden kostenfrei die Sonderausstellung „Mensch & Berg" sowie wechselnde Ausstellungen auf zwei Ebenen gezeigt. Ein Erlebnis ist der Panoramaweg durch die vier Lebensräume Wasser, Wald, Alm und Fels rund ums Haus – mit fantastischen Ausblicken auf Watzmann, Hochkalter und Jenner. Täglich geöffnet von 9–17 Uhr; Hanielstr.7, 83471 Berchtesgaden, Tel. +49 (0) 8652/979060-0, www.haus-der-berge.bayern.de

Romy Schneider – Ein Weltstar kehrt heim
Seit Mai 2015 wird in Schönau a. Königssee die Dauerausstellung über Romy & Magda Schneider im historischen „Alten Bahnhof" gezeigt. Viele Exponate der weltbekannten Schauspielerin, die in Schönau ihre Kindheit verbrachte, werden erstmals der Öffentlichkeit zugänglich gemacht.
Von Mai bis November täglich von 10.30–18 Uhr geöffnet; Seestraße 17, 83471 Schönau a. Königssee (alter Bahnhof), Tel. +49 (0) 8652/9756584, www.romy-schneider-ausstellung.de

Dokumentationszentrum Obersalzberg
Ständige Ausstellung des Instituts für Zeitgeschichte München über die Geschichte des Obersalzbergs und die Nazi-Diktatur. Geschlossen bis zur Eröffnung der neuen Ausstellung im neuen Gebäude (voraussichtlich Ende 2022).
Salzbergstraße 41, 83471 Berchtesgaden, Tel. +49 (0)8652/947960, www.obersalzberg.de

Kehlsteinhaus
Abenteuerlich ist die Fahrt über die schmale und kehrenreiche Kehlsteinstraße durch fünf Tunnel hoch zum Kehlsteinhaus (das Adolf Hitler 1938 zu seinem 50. Geburtstag von der NSDAP geschenkt bekam); interessant dann der 124 m hohe verspiegelte und mit Messing verkleidete Kehlsteinlift, der über einen Tunnel erreicht wird und direkt in den Eingangsbereich des Kehlsteinhauses hinaufführt. Ein ganz besonderes Erlebnis aber vespricht der Ausflug „Kehlstein bei Nacht" mit 3-Gänge-Menü und musikalischer Umrahmung.
Infos unter Tel. +49 (0) 8652/967148, www.kehlsteinhaus.de

Salzbergwerk Berchtesgaden
Das Berchtesgadener Salzbergwerk ist seit 1517 ununterbrochen in Betrieb und damit das älteste aktive Salzbergwerk Deutschlands. Es wird parallel als Schaubergwerk genutzt, für Touristen ist eine Einfahrtsstrecke geöffnet und vermittelt ein sehr informatives und beeindruckendes multimediale „SalzZeitReise"-Erlebnis. Ganzjährig geöffnet, Mai bis Oktober von 9–17 Uhr, November bis April von 11–15 Uhr. Bergwerkstr. 83, 83471 Berchtesgaden,
Tel. +49 (0) 8652/60020

Hintersee
Idyllischer Bergsee mit smaragdgrünem Wasser bei Ramsau. Ein Themenrundweg um den See erzählt über die Anziehungskraft dieser Landschaft auf romantische Maler des 19. Jh. Bootsausflüge, Naturlehrpfad Zauberwald (einer der 100 schönsten Geopfade in Bayern!). Ausgangspunkt für die Rotwild-Schaufütterung (an der Hirschbichlstraße im Klausbachtal inmitten eines 45 ha großen Wintergatters). Infos unter www.ramsau.de

Maria Gern
Berühmte Marien-Wallfahrtskirche im Gerner Hochtal, erbaut 1708–1710 von einem unbekannten Salzburger Barockbaumeister, mit kunstvoller Barockausstattung, beliebtes und häufiges Fotomotiv; Kath. Pfarramt St. Andreas, Nonntal 4, 83471 Berchtesgaden, www.stiftskirche-berchtesgaden.de

Wimbachklamm
Wegen ihrer Kürze (rund 200 m) und guten Erreichbarkeit (vom Parkplatz Wimbachbrücke ca. 10 Min.) ist die Wimbachklamm in Ramsau bei Berchtesgaden ein viel besuchtes Ausflugsziel. Im Sommer 2015 wurde der mit Brücken und Stegen versicherte und gut angelegte Weg durch die tosende Klamm als Bayerns schönster Wanderweg ausgezeichnet. Darüber hinaus hat der Ort Ramsau im September 2015 vom Deutschen Alpenverein den

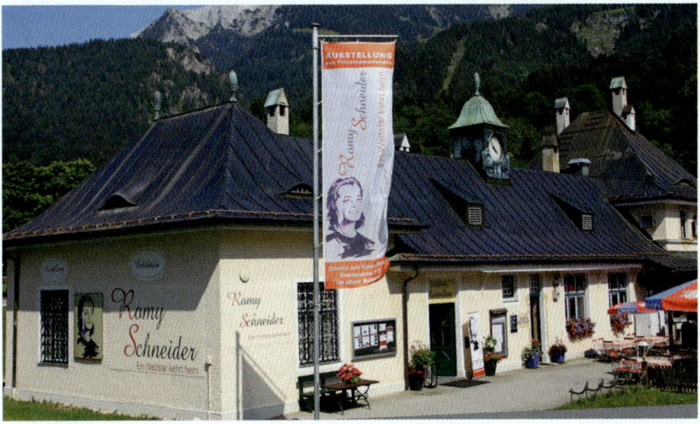

Die Romy-Schneider-Ausstellung in Schönau am Königssee.

Titel als 1. Bergsteigerdorf in Deutschland verliehen bekommen.

Königliches Schloss Berchtesgaden, Schlossmuseum und Rehmuseum
Das ehem. Augustiner-Chorherrenstiftsgebäude, das später Residenz der Fürstpropstei Berchtesgaden und ab 1810 im Besitz des bayerischen Königshauses war, besitzt ein üppig ausgestattetes und sehenswertes Museum, das 30 der 120 Räume der Öffentlichkeit im Rahmen von Führungen zugänglich macht. In den Schloss-Stallungen ist ein Rehmuseum untergebracht, das viel Interessantes über die Wildwissenschaft vermittelt.

Salzburger Freilichtmuseum
100 bäuerliche Originalbauten aus sechs Jahrhunderten auf einem 50 ha großen Museumsareal in Großgmain, das mit einer historischen Museumsbahn (von 9–17 Uhr) befahren wird, versprechen ein großartiges Erlebnis. Im Juli und August täglich geöffnet von 9–18 Uhr, März bis Juni von Dienstag bis Sonntag; A-5084 Großgmain, Hasenweg, Tel. 0043-662/850011, www.freilichtmuseum.com

> für Genießer

Bergfeuer
Zur Sonnwende im Juni wird am Jenner alljährlich das große Johannifeuer entzündet. Ein Abend mit Grillen und Livemusik für die ganze Familie. Die Jennerbahn fährt an diesem Tag bis 24 Uhr. Infos: www.koenigssee.de

Roßfeld-Panoramastraße
Mautpflichtige, ringförmige und 15,2 km lange Panoramastraße, die auf 1.600 m hinaufführt. Ausblick über Berchtesgadener Alpen und Salzachtal. Anfahrt von Obersalzberg oder Unterau möglich.

Enzianbrennerei Grassl
Älteste Enzianbrennerei Deutschlands (erster Gebirgsenzian wurde 1692 gebrannt). Führungen nach Bedarf, Informationsfilm und Ausstellung; geöffnet Mai–Okt. Mo.–Fr. 9–18 Uhr Sa. 9–16 Uhr, Nov.–Apr. Mo.–Fr. 9–16 Uhr, Sa. 9–23 Uhr; Salzburger Straße 105, 83471 Berchtesgaden, Tel. +49 (0) 8652 95360, www.grassl.de

Golf-Genuss
9-Loch-Anlage am Obersalzberg, eine der höchstgelegenen Anlagen in Deutschland. Golf-Club Berchtesgaden, Salzbergstraße 33, 83471 Berchtesgaden, Tel. +49 (0) 8652 2100, www.golfclub-berchtesgaden.de

> für die ganze Familie

Hans-Peter-Porsche Traumwerk
Sammlung von historischen Spielzeugen, Oldtimern (auf 7.500 m²) und Modelleisenbahnen in einem modernen Gebäude auf einem Grundstück von 25.500 m². Die Modelleisenbahn, auf einer Anlage von 550 m², mit ca. 3 Kilometern Gleislänge, lässt Züge im Maßstab 1:87 durch verschiedene Landschaften fahren und simuliert sogar Wetterphänomene. Hier finden sich, neben der Dauerausstellung, auch wechselnde Sonderausstellungen. Der Außenbereich bietet auf 25.000 m² alles, was ein Kinderherz begehrt. Geöffnet Di.–So. 9.30–17 Uhr.
Zum Traumwerk 1, 83454 Anger
www.hanspeterporsche.com

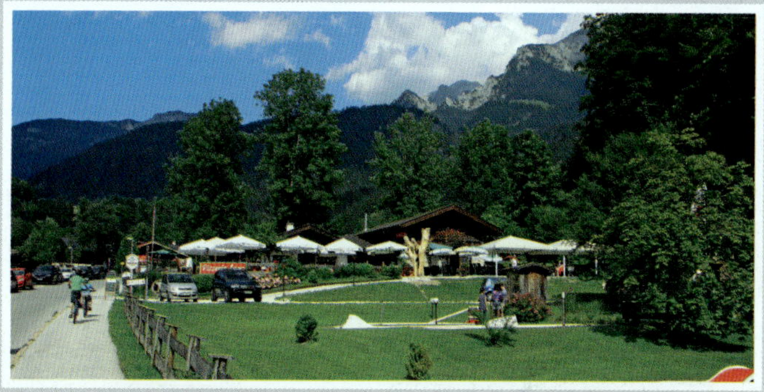

Minigolf mit Bergkulisse unterhalb der Jennerbahn-Talstation.

Haus der Natur
Das Haus der Natur in Salzburg hat viel zu bieten: ein wunderschönes Aquarium, einen Reptilienzoo, eine Saurierhalle, eine Weltraumschau, die Kristall-Welt, die Reise durch den menschlichen Körper, die Welt des Meeres und das Science Center sowie wechselnde Sonderausstellungen. Gebäude gehört zum UNESCO-Welterbe. Täglich von 9–17 Uhr; Museumsplatz 5, A-5020 Salzburg, Tel. +43 (0) 662/84 26 53, www.hausdernatur.at

Spiel-Aktiv-Park Seealm
Minigolf, Trampolin, Spielplatz und Tischtennis sind hier zu finden. Familie Wimmer, Jennerbahnstraße 12, 83471 Schönau a. Königssee, Tel.: +49 (0) 8652/977442, www.seealm.de

Watzmann Therme
Badespaß auf 900 m², 80-m-Rutsche, Solebecken und sämtliche Bade- und Heileinrichtungen, täglich geöffnet 10–22 Uhr; Bergwerkstraße 54, 83471 Berchtesgaden,
Tel. +49 (0) 8625 94640,
www.watzmann-therme.de

Naturbad Aschauerweiher
Baden mit Ausblick auf Watzmann und Hohen Göll, Sprungfelsen, Pirateninsel, Ausgangspunkt für den Märchenpfad, geöffnet von ca. Mitte Mai bis September 8.30–19.30 Uhr (bei schlechtem Wetter bitte vorab informieren); Aschauerweiherstraße 85, 83483 Bischofswiesen, Tel. +49 (0) 8652 3366, www.naturbad.info-berchtesgaden.com

> für Sportfans

LOTTO Bayern Eisarena Königssee
Mit einer Führung mal hinter die Kulissen der weltbekannten Bobbahn schauen, spannende Wettkämpfe in den Disziplinen Rennrodel, Bob und Skeleton verfolgen oder vielleicht sogar beim Gästerodeln mitmachen? Über die Wiederinstandsetzung der durch das Unwetter 2021 zerstörten Bob- und Rodelbahn wird zur Zeit diskutiert.

Lotto Bayern Eisarena Königssee
An der Seeklause 43–45
83471 Schönau am Königssee
www.eisarena-königssee.de

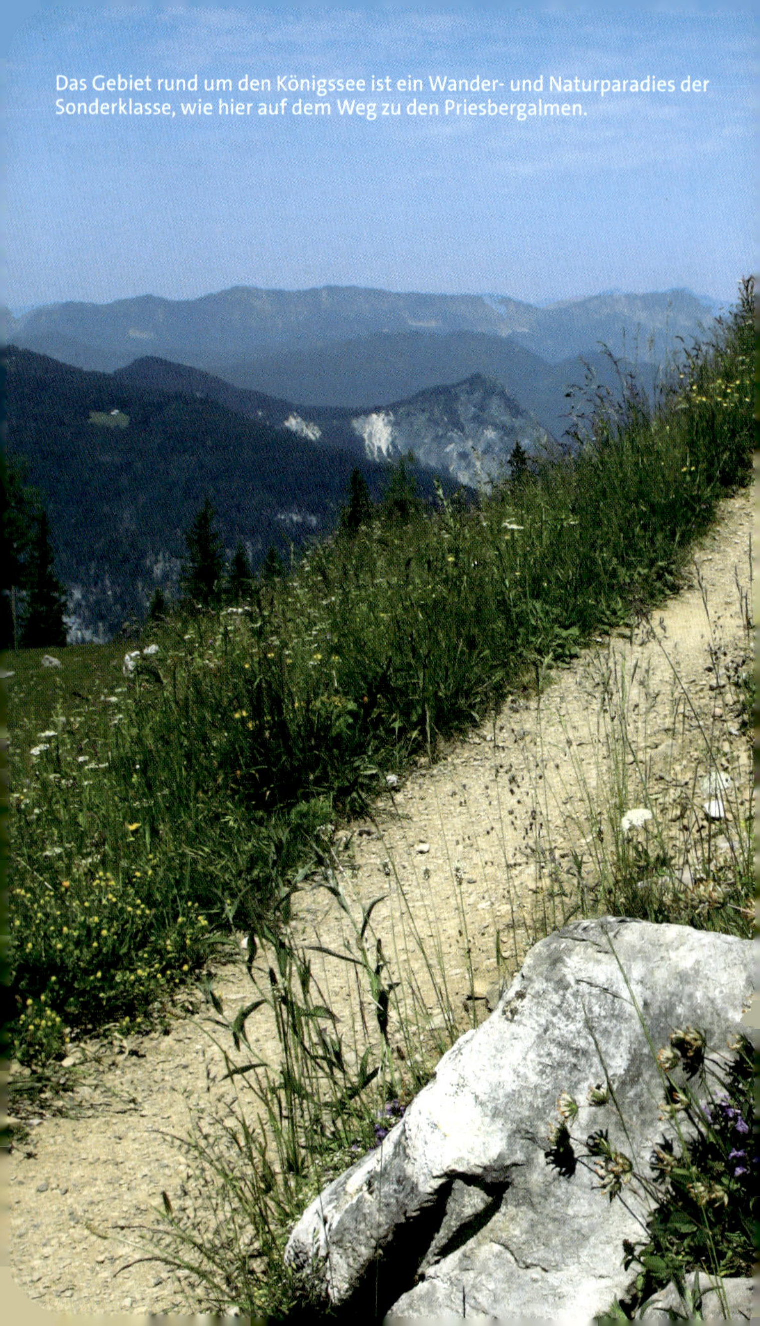

Das Gebiet rund um den Königssee ist ein Wander- und Naturparadies der Sonderklasse, wie hier auf dem Weg zu den Priesbergalmen.

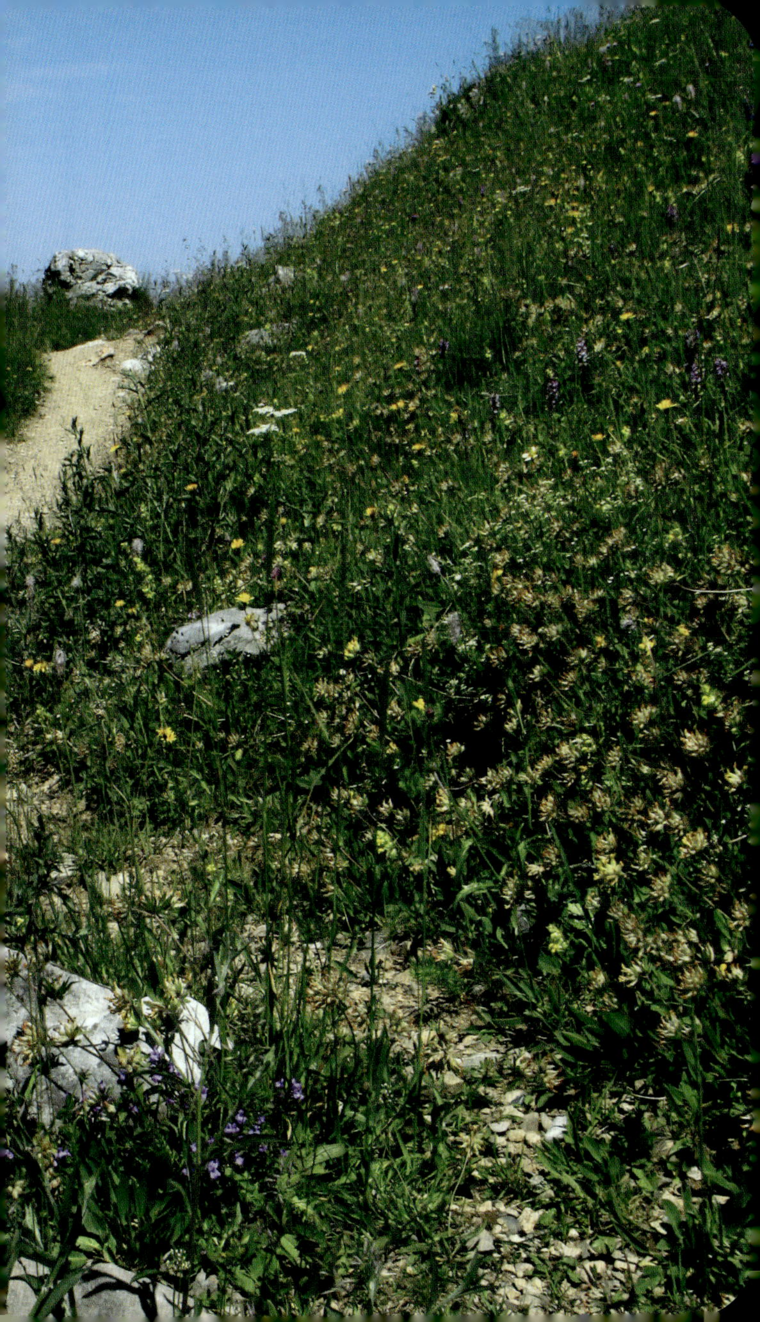

HÜTTEN, ALMEN, BERGGASTHÖFE

Allgemeiner Hinweis: Es ist möglich, dass Hütten aufgrund der aktuellen Corona-Vorschriften geschlossen sind.

Café Hochbahn, 710 m, privat, ganzjährig bewirtschaftet, Birgit Schuster, Tel. +49 (0) 8652/948694, www.cafehochbahn.de

Carl-von-Stahl-Haus, 1736 m, AV, ganzjährig bewirtschaftet, Übernachtung möglich, Peter Thomas Pruckner, Tel. +49 (0) 8652 6559922, stahlhaus@alpenverein-salzburg.at

Dr.-Hugo-Beck-Haus (Jennerhaus), 1260 m, SK Berchtesgaden, ganzjährig bewirtschaftet (Dienstag Ruhetag, an Regentagen geschlossen), Übernachtung möglich, : Patrick Walser, Tel. +49 (0) 8652 2727 www.hugobeckhaus.de

Fischunkelalm, 620 m, privat, bewirtschaftet.

Gästehaus Cafe Hammerstiel, ganzjährig bewirtschaftet, Fam. Hollering, Tel. +49 (0) 8652/22 66, www.cafe-hammerstiel.de

Musikalisch...

...vom Frühling in den Bergsommer. Jeden Sonntag (meist von Ende Mai bis Mitte Juli) wird in den verschiedenen Hütten rund um den Königssee musiziert. Zu hören gibt es natürlich bayerische Volksmusik. www.koenigssee.com

Gasthaus St. Bartholomä, privat, ganzjährig bewirtschaftet, Fam. Amann, Tel. +49 (0) 8652/964937, www.bartholomae-wirt.de

Gasthaus Waldstein, 555 m, Königsseer Fußweg 17, 83471 Schönau a. Königssee, Tel. +49 (0) 8652 2427, www.gaststaette-waldstein.de

Gotzenalm, 1685 m, privat, bewirtschaftet von ca. Mai bis Oktober, Übernachtung möglich, Rudi Klecker, Tel. +49 (0) 8652 9734014, www.gotzenalm.de

Grünsteinhütte, 1220 m, privat, bewirtschaftet von Anfang Mai bis Ende Oktober, Sonja Sibein und Christoph Kovar, Tel. 0151/58434354 www.gruensteinhuette.de

Haus Moosalm, 610 m, privat, ganzjährig bewirtschaftet, Übernachtung möglich, Heinz Unger, Tel. +49 (0) 8652/63579

Jenner Mittelstation „Halbzeit" 1200 m; **Jenner Bergstation „Jenneralm"** 1800 m, privat, geöffnet während der Betriebszeiten der Jennerbahn, Tel. 049(0)8652/95810, www.jennerbahn.de

Kärlingerhaus, 1631 m, DAV, bewirtschaftet von Mitte Mai bis Mitte Oktober (und 2 Wochen um Ostern), Übernachtung möglich, Reservierung ausschließlich über Reservierungssystem des DAV, A. Bachmann, Tel. +49 (0) 8652/6091010 (telefonisch nur bedingt erreichbar), info@kaerlingerhaus.de, www.kaerlingerhaus.de

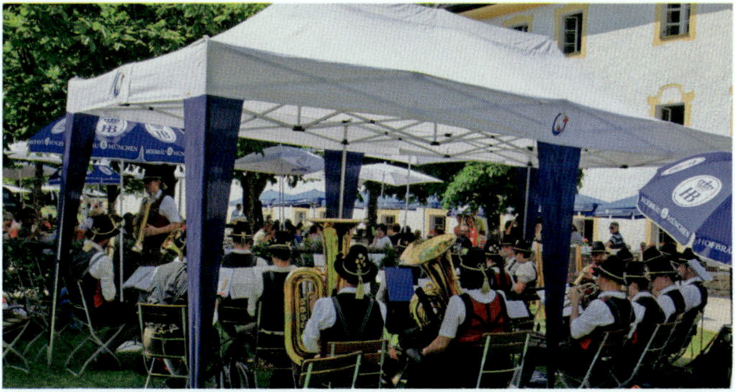

Volksmusik im Biergarten des Gasthauses in St. Bartholomä.

Kehlsteinhaus, 1843 m, privat, bewirtschaftet von Mai bis Oktober, mit Zubringerbus und Berglift erreichbar; RVO-Bus vom Parkplatz Hintereck/ Obersalzberg im 20-min-Takt zum Kehlstein; über einen 124 m langen Natursteintunnel gelangt man zu einem Aufzug, der in 41 Sek. zum Kehlsteinhaus fährt; Tel. +49 (0) 8652/2969, www.kehlsteinhaus.de

Königsbachalm, 1200 m, privat, bewirtschaftet von Mai bis Oktober, Martin Springl, Tel. +49 (0) 8652 5551, www.königsbachalm.de

Kührointhütte, 1420 m, privat, bewirtschaftet von Mai bis Ende Oktober, Übernachtung möglich, Ralf Voss, Tel. +49 (0) 171 3533369, www.kuehroint.com

Mitterkaseralm (Jenner), 1534 m, privat, bewirtschaftet von Mai bis Oktober und Mitte Dezember bis Anfang April, Sepp u. Renate Resch, Tel. +49 (0) 8652 5100, info@mitterkaser-alm.de

Saletalm, 605 m, privat, bewirtschaftet (Selbstbedienung) von ca. Ende April bis Mitte Oktober, Michael Schwaiger, Salet 6, 83471 Schönau a. Königssee, Tel. +49 (0) 8652 63007, www.saletalm.de

Schapbachalm, 1040 m, privat, bewirtschaftet.

Schneibsteinhaus, 1670 m, Naturfreunde, bewirtschaftet von Anfang Mai bis Ende Oktober und um den Jahreswechsel, Übernachtung möglich, Stefan Limbacher, Tel. +49 (0)8652/6091160, www.schneibsteinhaus.de

Wasseralm, 1416 m, DAV, bewirtschaftet von Ende Mai bis Anfang Oktober, Übernachtung möglich, Monika Pozsgai-Schellmoser,
Tel. +49 (0) 8652/6091160
www.wasseralm-berchtesgaden.de

Watzmannhaus, 1930 m, bewirtschaftet von Mai bis Mitte Oktober, Übernachtung möglich, Bruno Verst,
Tel. +49 (0) 8652/964222

ÜBERNACHTUNGSVERZEICHNIS

€ unter 30 EUR €€ 30 - 60 EUR €€€ über 60 EUR
(pro Pers/DZ/incl. Frühstück)

Berchtesgaden.. Plz 83471, Tel. +49 (0) 8652
Hotel Wittelsbach €€, Maximilianstr. 16, Tel. 96380,
sites.google.com/view/hotel-wittelsbach/
Schwabenwirt €€, Königsseerstr. 1, Tel. 2022, www.hotel-schwabenwirt.de
Hotel Binderhäusl € - €€, Am Wemholz 2, Tel. 5429, www.binderhaeusl.de
Alpenhotel Fischer €€ -€€€, Königsseerstr. 51, Tel. 9550,
www.alpenhotel-fischer.de
Hotel Floriani €€, Königsseerstr. 37, Tel. 66011, www.hotel-floriani.de
Hotel Grünberger €€, Hansererweg 1, Tel. 976590, www.hotel-gruenberger.de
Hotel Vier Jahreszeiten €€, Maximilianstr. 20, Tel. 9520,
www.hotel-vierjahreszeiten-berchtesgaden.de
Bavaria €€, Sunklergäßchen 11, Tel. 96610, www.hotelbavaria.net
Hotel Demming €€, Sunklergäßchen 2, Tel. 9610, www.alpina-hotels.de
Gästehaus Braun € - €€, Moosweg 3, Tel. 2900, www.braun-gaestehaus.de
Gästehaus Alpina € - €€, Ramsauerstr. 6, Tel. 6556842, www.alpina-bgl.de
Pension Rennlehen € - €€, Rennweg 21, Tel. 62180, www.rennlehen.de
Gästehaus Rupertiwinkel €€, Königsseerstr. 29, Tel. 63652,
www.gaestehs-rupertiwinkel.privat.t-online.de/

Engedey .... Plz 83483, Tel. +49 (0) 561
Haus Brunneck €, Ramsauer Str. 116, Tel. 581680, www.ferienhaus-brunneck.de
Pension-Hotel Gebirgshäusl €€, Ramsauer Straße 106, Tel. +49 8652 2366,
www.gebirgshaeusl.com

Ramsau/Au .... Plz 83486, Tel. +49 (0) 8657
Alpenchalet Bianca € - €€, Reschenweg 9, Tel. 1366,
www.alpenchalet-bianca.de
Gästehaus Alexandra €€, Reschenweg 8, Tel. 628,
www.gaestehaus-alexandra.de
Gasthof Altes Forsthaus €€, Berchtesgadener Str. 9, Tel. 258,
www.forsthaus-ramsau.de
Wirtshaus Hocheck €€, Wimbachklamm 5, Tel. 1396024,
www.wirtshaus-hocheck.de
Haus Hirschpoint€, Berchtesgadener Str. 37, Tel. 983851,
www.haus-hirschpoint.de
Pension Anfanglehen € - €€, Wimbachklamm 14, Tel. 449,
www.anfanglehen.de
Alpenresi €€, Reschenweg 25, Tel. 608, www.alpenresi.de

Schönau .... Plz 83471, Tel. +49 (0) 8652
Gästehaus Sulzberger €€, Alte Königsseerstr. 4, Tel. 2023,
www.gaestehaus-sulzberger.de

Datzmann Josef €€, Schwöbgasse 14, Tel. 64323, www.schwoeblehen.de
Gästehaus Tannenheim €€, Untersteinerstr. 110, Tel. 976587, www.tannenheim-koenigssee.de
Cafe Hochbahn €, Hochbahnstr. 14, Tel. 948694, www.cafehochbahn.de
Waldstein €€, Königsseer Fußweg 17, Tel. 2427, www.gaststaette-waldstein.de
Gaststätte Unterstein €€, Untersteinerstr. 29, Tel. 2664, www.unterstein.de
Camping Mühlleiten €, Königsseer Str. 70, Tel. 4584, www.camping-muehlleiten.de
Landhaus Sonnenstern €€, Punzenmoos 8, Tel. 5355, www.landhaus-sonnenstern.de
Hotel Königsseer Hof €€, Seestr. 6, Tel. 947860, www.koenigsseer-hof.de
Pension Neuhausen € - €€, Jennerbahnstr. 40, Tel. 63051, www.pension-neuhausen.de
Cafe-Pension Brandtnerhof € - €€, Brandnerstr. 18, Tel. 2336, www.brandtnerhof.de
Pension Mariandl €€, Obernschönauerstr. 45, Tel. 979689, www.pension-mariandl-berchtesgaden-koenigssee.de
Gästehaus Friedwiese € - €€, Friedbichlweg 14, Tel. 4123, www.friedwiese.de
Gästehaus Grünsteineck €€€, Grünsteinstr. 66, Tel. 3906, www.gruensteineck.de
Gästehaus Siegllehen €€ -€€€, Sieglweg 6, Tel. 4432, www.siegllehen.de
Gästehaus am Alpenpark €€, Schornstr. 40, Tel. 690544, www.amalpenpark.de
Camping Grafenlehen €, Königsseer Fußweg 17, Tel. 6554488, www.camping-grafenlehen.de

Schönau/Hinterschönau.. Plz 83471, Tel. +49 (0) 8652

Pension Hochödlehen €€, Hochödweg 7, Tel. 5427, www.hochoedlehen.de
Alpen Hotel Wellnesshotel Zechmeisterlehen €€€, Wahlstr. 35, Tel. 9450, www.zechmeisterlehen.de

Schönau/Oberschönau .... Plz 83471, Tel. +49 (0) 8652

Alpenstern Hotel – Pension €€, Höhbrandweg 1, Tel. 4744, www.alpenstern.eu
Pension Berganemone €€, Grünsteinstr. 35, Tel. 61544, www.berganemone.de
Hotel Köppeleck €€€, Am Köppelwald 15, Tel. 9420, www.hotelkoeppeleck.de
Sporthotel Schönau €€, Oberschönauerstr. 19, Tel. 657535, sporthotel-schoenau.mydirectstay.com/de/index.html

Schönau/Unterschönau .... Plz 83471, Tel. +49 (0) 8652

Pension Hochfeld€€, Hofreitstr. 17, Tel. 4124, www.koenigssee-urlaub.de
Gästehaus am Alpenpark €€, Schornstr. 40, Tel. 690544, www.amalpenpark.de
Gästehaus Siegllehen €€, Sieglweg 6, Tel. 4432, www.siegllehen.de
Hotel Königsseer Hof €€, Seestr. 6, Tel. 947860, www.koenigsseer-hof.de
Hotel Königssee €€€, Seestr. 29, Tel. 6580, www.hotel.koenigssee.com
Hotel Schiffmeister €€€, Seestr. 34, Tel. 96350, www.hotel-schiffmeister.de

ORTE / TOURISMUSBÜROS

Berchtesgaden
Tourist-Information
Am Kongresshaus
Maximilianstraße 7
83471 Berchtesgaden
Tel.: +49 (0) 8652/9445300
Fax: +49 (0) 8652/9445301

Tourist-Information
Berchtesgaden-Oberau
Roßfeldstraße 22
83471 Berchtesgaden
Tel.: +49 (0) 8652/964960
Fax: +49 (0) 8652/964961

Berchtesgadener Land
Tourismus GmbH
Bahnhofplatz 4
83471 Berchtesgaden
Tel.: +49 (0) 86 52/6565010
Fax: +49 (0) 86 52/6565099
www.berchtesgadener-land.com

Tourist Info in der Geschäftsstelle der Tourismusregion Berchtesgaden-Königssee
Königsseer Straße 2,
83471 Berchtesgaden
Tel.: +49 (0) 86 52/9 67-0
Fax: +49 (0) 86 52/9 67-4 00
www.berchtesgaden.com

Ramsau
Tourist-Information
Im Tal 2
83486 Ramsau
Tel.: +49 (0)8657 988920
Fax: +49 (0)8657 772
www.ramsau.de

Schönau a. Königssee
Tourist-Information
Seestraße 3
83471 Schönau a. Königssee
Tel. (0)5897 58597
Tel.: +49 (0) 8652/65598-0
Fax: +49 (0) 8652/65598-29
www.koenigssee.com

Bischofswiesen
Tourist-Information
Hauptstr. 40
D-83483 Bischofswiesen
Tel.: +49 (0) 8652/97722-0
Fax: +49 (0) 8652/97722-22
www.bischofswiesen.de

SCHIFFFAHRT / BERGBAHN

Schifffahrt Königssee

Der fjordartig eingebettete See ist 8 km lang, bis zu 1250 m breit und liegt 602 m über NN. Mit einer maximalen Wassertiefe von 190 m bleibt das Wasser auch im Hochsommer relativ kalt, da der See hauptsächlich durch unterirdische Zuflüsse gespeist wird; Wasseroberfläche 5,2 km². Die Königsseeflotte verfügt über 18 Elektroboote mit 1650 Plätzen und befördert jährlich ca. 650.000 Personen. Drei Stationen werden angelaufen: Kessel (Bedarfshaltestelle); St. Bartholomä (35 min), Salet (Hin- und Rückfahrt ca. 2 Std.).Saisonabhängige Abfahrtszeiten. Info: Schifffahrt Königssee, Tel. 08652/963618, www.seenschifffahrt.de

Die Jennerbahn

Nachdem im August 2018 die erste Sektion der neuen Gondelbahn bis zur Mittelstation in Betrieb genommen wurde, fährt ab dem 8.6.2019 die Jennerbahn wieder bis zur Bergstation auf 1800 m Höhe. Auf der Mittelstation lädt die Gastronomie „Halbzeit“, an der Bergstation die „Jenneralm“ zur Einkehr ein. Aussichtsreiche Sonnenterrassen bieten herrliche Panoramaaussichten und sind willkommene Ausgangs-, Zwischen- oder Endstationen abwechslungsreicher Wandertouren.

IMPRESSUM

© KOMPASS-Karten, A-6020 Innsbruck (23.01)
1. Auflage 2023 Verlagsnummer 5441 ISBN 978-3-99121-613-1

Text und Fotos (soweit nicht anders angegeben): Walter Theil

Titelbild: Der Jenner über dem Königsee
(Foto: Walter Theil)

Grafische Herstellung und Wanderkartenausschnitte:
© KOMPASS-Karten GmbH
Kartengrundlage für Gebietsübersichtskarte S. 10-11, U4:
© MairDumont, D-73751 Ostfildern 4

KOMPASS-Karten GmbH
Karl-Kapferer-Straße 5, A-6020 Innsbruck
www.kompass.de/service/kontakt

MIX
Papier aus verantwortungsvollen Quellen
FSC® C015829
FSC www.fsc.org